GÜILO ESTRELLA

SANGUIJUELAS EN RÍO ROJO

> La Sanguijuela tiene
> dos hijas que dicen :
> ¡Dame! ¡Dame!

No podemos negarnos a nosotros mismos, pues sería como llegar a reconocer la existencia humana como entes conscientes estando nosotros mismos en ausencia, algo inaudito cuando se parte de la razón.

Número de Control de la Biblioteca del Congreso de EE. UU.:   2013911964
ISBN: Tapa Dura   978-1-4633-6123-5
                         Tapa Blanda   978-1-4633-6122-8
                         Libro Electrónico   978-1-4633-6121-1

Este libro fue impreso en los Estados Unidos de América.

Fecha de revisión: 10/10/2013

Para realizar pedidos de este libro, contacte con:
Palibrio LLC
1663 Liberty Drive, Suite 200
Bloomington, IN 47403
Gratis desde EE. UU. al 877.407.5847
Gratis desde México al 01.800.288.2243
Gratis desde España al 900.866.949
Desde otro país al +1.812.671.9757
Fax: 01.812.355.1576
ventas@palibrio.com
480929

CONTENIDO

INTRODUCCIÓN:

La vida es complicada en su forma de expresión terrenal, pero es fácil de entender en su concepción natural cuando nuestro espíritu se une con el Divino, pues somos seres que vinimos a este mundo con el propósito individual de cumplir una misión, la cual en la mayoría de los casos arribamos al final del cumplimiento de nuestros días sin llegar a descubrir muchos de sus misterios.

En ese postulado, está implícito en su contenido el propósito eterno, que es en verdad, el que cada ser humano tiene que buscar hasta encontrarlo, todo porque si no fuese concebido así seríamos solo materia, que después de pasar por el difícil trayecto de la vida llegando al túnel de la muerte como materia nos desintegraríamos.

Por supuesto que existen algunos elementos que, aunque son considerados subjetivos, por estar   enfocados desde el punto de vista humano como pasivo,   son puestos en movimiento por el autor de este libro, trayéndolos hasta nosotros con vida propia.

Toda esta travesía parte a través del universo del Consciente, quien toma dentro de nuestro ser un rol protagónico, éste tiene a su cargo dentro de nosotros al Subconsciente y la Conciencia, luego partimos a la mente, quien tiene bajo su responsabilidad, a la Razón y el Pensamiento.

Todo estos elementos internos se ponen en acción tomando color propio con sus vidas en las personas que más adelante serán los representantes de nuestra realidad, hasta que por el "Gusano Asqueante de la Ambición, los humanos descuidan el sistema ecológico, destruyendo el globo que le fue legado por el Creador del vasto Universo para la subsistencia de toda humanidad en sus generaciones.

Pero por medio de la ambición en los hombres, se evidencia en esta obra como los humanos contaminan el Río que le fue dejado a los pueblos para mantener la vida, el cual pasa por un estado de transición, debido a la maldad, lo que hace que mude su color cristalino, a verde, y por último a rojo por la sangre derramada entre semejantes.

Por medio de ese estado de ambición interna en los humanos, el autor se introduce en el problema de la contaminación del medio ambiente, la perforación de la capa de ozono, el derretimiento de los glaciales, así como el problema de la codicia, tanto por el oro negro, como por el oro amarillo.

Pero aunque todo se destruye, al final, en vez de un panorama tétrico, todo concluye en un idilio de amor, pues magistralmente el autor nos lleva al Huerto del Edén, donde habitó la primera pareja: Adán y Eva, aunque en esta obra, son dignamente representados por Pancho y Rosella.

Al final queda algo de esperanza en lo eterno, para que desde ahora no vayas a creer que todo está perdido, por tanto espero que Dios le ilumine al leer este humilde aporte a la literatura moderna.

El Autor.

AGRADECIMIENTOS

L o que somos, se sostiene en aquello que dentro de nosotros no podemos ver, siendo por eso que le hemos puesto nombre aquello interno que allí dentro se moviliza: Ser, Consciente, Subconsciente, Conciencia, Mente, Razón, y Pensamientos. Todos estos elementos reconocidos por nosotros los humanos son los que juegan un papel preponderante para movilizar la masa que compone lo visible de nuestro cuerpo en cierne.

Luego al poner en movimiento desde nuestro fuero interno esta maquinaría, salimos a la acción que hace que construyamos o destruyamos, siendo la más beneficiada o perjudicada la misma naturaleza y por consiguiente nosotros mismos, algo que observaremos en Sanguijuela en Río Rojo.

Por ser nosotros los humanos responsables tanto de edificar como de destruir, es por lo que he querido escoger un personaje para dedicarle este libro, el cual nos permita encontrar en su estilo de vida un modelo de construcción de un mundo mejor y créanme, que después de mucho investigar no he encontrado otro fuera del Señor Jesucristo.

Por tanto dedico esta obra a la persona de Jesucristo el más insigne de los humanos, también el Divino Hijo de Dios, a quien le debo todo.

CAPÍTULO I

EL LARGO CAMINO
A RÍO ROJO

E ra extraño, pero estaba allí, aunque no podía en verdad saberlo, no sé si porque tal vez todo aquello solo estaba en mi mente, pues veía y sentía la lluvia caer sobre la tierra, también sobre un cuerpo humano inerte, algo que aunque sabía no era real, al sentirse en mi Consciente, aun si fuera en base a un espejismo fugaz, entendía que no era así, pero al menos, fue algo que a mí parecer prefería mejor por mi propia conveniencia aceptarlo.

Aquel panorama exterior era cierto, por eso se lo cuento así, tal como lo percibí: La lluvia que descendía de los cielos era real, y usted lo sabe. En medio de aquel inmenso torrencial, esas aguas cristalinas que caían aquella tarde llenaban de frescura los pastos de las verdes praderas, que en principio, hicieron que todos los pueblos por donde estas aguas pasaban se dieran prisa para escapar agrupándose, para luego llegar hacer un cauce que le convirtiera en un caudaloso río.

Esas aguas que daban como especie de infinidades de pequeñas flechas en que los aires descendían para traer las frecuentes lluvias, llegaban a dar encima de las cadenas de inmensidades de montañas de las regiones, para desde allí descender formando los vados en principios, los ríos que luego por medio de la aperturas de sus cauces, decidieron unirse para formar el Río.

En principio por este torrente de agua, tan pura como el cristal que descendía de los cielos, que llenabas las montañas para luego haciendo su rutina descender, convirtiendo a su paso en la bendición de lo mustio que hacía junto al toque del candente sol convertir el verano a primavera todo el espacio por donde llegaba a pasar, siendo por eso que el mismo llegó a recibir como nombre en su principio, Río de Vida.

Dice la leyenda que con el paso de los años, cuando llegaron a ponerle las manos encima los hombres, se murió el deseo de vivir en él, la lluvia dejó de caer desde lo cielos, por tanto sus aguas cristalinas dejando su espacio, hizo que el Río de Vida fuera descuidado por aquellos a los cuales desde arriba se les encomendó como administradores su cuidado.

Fue mucho después de aquel principio, en aquellos tiempos, cuando los humanos no habían encontrado valor en los elementos de las riquezas en los suelos, pero ni mucho menos se había despertado el inquisidor de la ambición, ni por ende el valor del oro, ni del dinero por no existir, espacio que encontraron las hojas de los árboles para teñir sus aguas del Río Cristalino al color verde.

Luego la misma leyenda de sus ancestros registra, que al pasar las edades, después de verde, cambió su color a rojo, debido a la sangre derramada cuando en su fondo los habitantes de sus riveras encontraron oro, siendo esta la causa por la que al pelearse, unos contra otros en sus rebatiñas cargadas de ambición llegaron a manchar con aquel rojo encendido sus aguas cristalinas.

El poderlo palpar, es lo que me lleva por ustedes en esta semi-inconsciencia en la que estamos todos a escribir estas crónicas, al no poder llegar a entender las razones, ni el por qué, frustrado al no comprender ni siquiera poder llegar aquel caudal que llevaba tanto bienestar a los pueblos en aquel inicio, cuando todavía se mantenía la esperanza en aquella etapa en que se conocía por el nombre de Río Verde, el cual era considerado como una bendición legada por Dios a los pueblos.

Pero fue que la realidad se encontró de frente con el desconsuelo, lo que dejaba a los humanos de brazos cruzados al destruir lentamente con sus actitudes su propio hábitat. Luego de pasar por esas etapas de transiciones fue lo que hizo que inevitablemente se le cambiara el nombre por el de Río Rojo, algo que sin lugar a dudas llegaremos a comprender más profundamente por medio de estas narrativas.

Les puedo asegurar que al final lograremos a entender los enigmas que entraña descubrir estos misterios que se envuelven por medio Río Rojo desde nuestro Consciente, también por ser desde este interior de donde surge este relato, por ser allí donde más se sentían los ruidos provenientes de los truenos y los relámpagos de aquel ambiente exterior. Así que les invito para que recorramos este largo camino de donde descubriremos estos grandes misterios.

Mucho más profundo era poder llegar al fondo, donde estaba guardado otro enigma, aquel que hizo que aquellas aguas tan pura como el cristal se llegarán a teñir de un mugroso verde, el cual lo transformaron al pasar el tiempo en un rojo de olor a muerte, lo que nos permite dar comienzo a esta leyenda sobre los pueblos ubicados en sus riberas.

Aparte de ser algo inusual, todo tal vez por no provenir de mi voluntad, lo que me hacía prisionero de mis propios sentimientos, por eso decidí sacar aquello que por tanto tiempo llevaba dentro. En particular, aprovechando aquel ruido que proporcionaban las caídas de aquella espesa lluvia sobre la faz de la tierra.

—¿Quién estás ahí? —dije al escuchar adentro, cual si fuera un ligero ruido como salido de un cántaro que producía en su resonancia su propio eco, creyéndose la que estaba allá cual una espía callejera.

Todo de nuevo quedó en silencio, posiblemente sin poder juzgar a priori, porque al sentirse la intrusa que estaba delatada, podría estar usando la pausa silente como un instrumento a su favor.

—¿Quién anda ahí ? —Volví a repetir sin conseguir de nuevo respuesta.

Tal vez por ser novicio, aquella primera vez sabía de dónde provenía aquel ruido, pero mucho menos lo entendía, ni siquiera quien lo producía, aun así tenía que reconocer que no era ducho en aquella materia, lo que hizo que esas preguntas que hacía parecía como si las dijera al aire.

—Quiero que sepas que no soy tonto, y que sé que tengo a alguien allá detrás, pues lo percibo, así que lo mejor que hace es que te identifiques, pues tarde o temprano sabré quien eres —aun así reconozco que lo decía en aquel instante, era solo por sacar de su casilla a quien estaba seguro que estaba del otro lado del espacio que ocupaba.

Confieso que aquel enigmático silencio, casi a quien estaba a punto de sacar de su propia habitación era a mí, por tratar con insistencia de intimidar a quien consideraba para aquel entonces como un intruso, por no saber que era alguien tan íntimamente ligado a mí.

—Quiero que sepas que no me voy a detener hasta saber quién eres, aunque para ello tenga que llegar a ser más terco que una mula en tiempo de celos —proseguí mostrando una ligera molestia en mi insinuación.

Cuando me detuve en aquel camino que me guiaba hasta el despacho de lo incógnito, por no conseguir respuesta, me encontré en el camino que conduce a la Razón, con doña Dudas, la cual aunque siempre trataba de evitar, en aquel momento se interpuso para interferirme.

Desde aquel momento cuando supe que la misión a la que me había predestinado el Divino Creador no era nada fácil, pues para llegar a descubrirlo, empezaban los obstáculos, los cuales eran una señal inconfundible de que la misma escondía detrás de ella el éxito.

—En verdad, estos que allí se esconden parece que no me conocen— Me dije a mi mismo, pues era el único que sabía lo que era, así como lo que era capaz de hacer en mis capacidades natas.

No era para menos, por ser que tratándose del Consciente, este tenía en sí el espíritu de un valiente guerrero cual los Valientes Gad, aquella tribu de Israel a quienes se le reconoció ser tan gallardos, que sus caras en batallas mostraban ser como de leones, pero en las montañas tenían los pies cual gacelas.

—No me detendré hasta saberlo —De nuevo se dijo, tomando un valor que salía de su ímpetu.

Fue por eso que prosiguió dispuesto, tomando fuerza del Divino, aunque sabía por ser el cargado de tomar la iniciativa mediante la determinación del ser, más por lo que al percibirlo en aquel instante, le hizo recobrar aquel ánimo con el cual tenía que enfrentarse a dos extraños, pues eran dos habitaciones las que podía divisar de donde provenían aquellos ruidos.

Fue al volverse en su desilusión, al no conseguir respuestas de los vecinos de las habitaciones contiguas, que le hizo mirar un poco más arriba de aquel invisible espacio donde antes se había percatado de su existencia, todo al sentir el ruido detrás de la recamara que transitoriamente en aquella primera etapa de su existencia ocupaba, lo que hizo que siguiera investigando en aquel misterioso espacio donde habitaba.

Fue doña Dudas, la primera que quiso venir a su encuentro al ver su resuelta determinación, y a quien sin invitarla tenía en medio de aquel trayecto su coartada preparada, pero aun así, la resolución del Consciente era firme por eso decidió seguir aquel camino en ascendencia.

Su valor era tal que parecía alpinista novicio escalando su primera montaña, por eso prosiguió sin darle mucho crédito a la interferencia de doña Dudas. algo que sin entenderlo le llevaría a la Razón, a la cual no le tenía temor por desconocer en aquel instante su existencia, pero que por ser para él mucho más visible por la luz que se irradiaba desde su habitación, se animó a encontrarle.

—¿A dónde vas ? —le inquirió doña Dudas con acento observable cual junco que al más ligero viento se quiebra.

—No son tus negocios —le respondió resuelto Consciente sin reparo en su respuesta. Todo porque desde aquel primer encuentro por no ser ingenuo le vio cara de intrusa.

—¿Sabes quién soy? No sabes que puedo impedirte el paso a donde te dirige? —le dijo doña Dudas usurpando los atributos de la Razón al inquirir, más también al tratar de enredarlo en su telaraña entretejida con pelo de piel de zorra.

—¡Claro que se quién eres!—pero no te tengo miedo, porque contigo puedo batirme en cualquier terreno que prefieras elegir.

—¡Ah, sí!—le dijo en tono irónico doña Dudas, quien había salido disparada de la razón, sin saber a quién solo por medio de su instinto desafiaba.

—Con solo decirte que se me ha dado como a aliada la persistencia, la cual es la punta de lanza de la fe que coloco al frente de mi espada, por medio de la cual serás vencida.

—¡Noooo!—se escuchó un grito aterrador que llevó al fondo de un precipicio de incertidumbre a doña Dudas, dejándola en su fondo lleno de peñasco hechos de brumas totalmente inerte.

Luego de este incidente prosiguió su camino gallardo, pues solo le faltaba un extraño por reconocer, el cual por su silencio, no sabía si era su amigo, o su enemigo, lo que lo hacía un ser incompleto por no tener ese recurso del conocimiento pleno.

Pero no podía detenerse, él más que nadie lo sabía, pues su misión apenas comenzaba, así que luego de vencer doña Dudas, quien se creía la dueña del circo, hecho de nuevo mano a su talabarte de fe y arma de persistencia, cual un Quijote consciente. Así prosiguió.

—Llegaré a sus pies, pues sé que ella fue creada con los atributos de reina, así lo percibo, pues así lo vislumbra las luces de colores de su habitación de corte palaciego, si es reina sé que solo ella me puede ayudar a descubrir la verdad, en particular sobre aquellos que para mí hasta este instante solo se les puedo llamar por su silencio como Incógnitos, pero si es rey de igual manera le pediré ayuda, pues la necesito.

—Todo para mi es confuso. __Se dijo Consciente en medio de aquel angosto camino, siendo que a pesar de tanto insistir, no estaba seguro en aquel principio ni siquiera de su verdadero nombre, por eso tenía que llegar a como dé lugar aquella habitación de arriba, para conseguir las respuestas a todo aquello que hasta ese instante no sabía.

Siendo que el Consciente estaba capacitado desde su origen, no solo para comprender muchas cosas, pero estaba limitado, pues dentro del ser había otros semejantes, los cuales como un escalón militar, tenían también sus rangos, pero además las demás funciones que le hacían completo.

Fue así como prosiguió hasta aquella elevada escalera que tenía que subir, para llegar al exterior de aquella caverna donde estaba, con el fin de llegar al trono que ocupaba aquella que todavía desconocía era su aliada, llamada la Razón.

—¡Wao!¡Esto es maravilloso!—se dijo al llegar hasta aquel espacio, donde se abría la voluntad al ser, para mostrar las alhajas del conocimiento y el saber que están en los cofres de la inteligencia, llamados sabiduría.

Fue allí en aquel espacio habilitado para el Consciente donde despertó, pues pudo comprender desde aquel instante que debajo del trono de la Razón estaba la llave de todas las ciencias, lo que le hizo despertar de su letargo de incredulidad.

—¿Observo que tienes cara cargada de asombro? — le inquirió la Razón utilizando una de las armas de su lenguaje llamado Interrogante, mientras se dirigía hacia él.

—Pero, ¿a quién no se le llena de asombro el rostro al contemplar el mundo de riquezas invaluables que tienes a tus pies?… Le dijo él sin medir sus palabras por su inspiración.

—Solo los tontos que al no poder llegar a acentuar en ti, no llegan a razonar —le dijo ella utilizando su otro medio de lenguaje, llamado la Expresión.

—¿En mí? —inquirió Consciente, lleno de asombro al sentirse casi descubierto en su ignorancia por la Razón, ya que esta tenía la gracia para inquirir, algo que utilizaba cual arte que manejaba a la perfección, pues era como recipiente de aceptación de donde entonces nacía la Creencia, algo que produce las raíces que sustentan al mismo ser, sin la cual decaería por la debilidad de su semblanza, al no encontrar respuesta.

—Bendito sea el que me trajo ante ti, pues vine a indagar ante su merced, sobre un extraño que no me quiere responder y en cambio recibo la buena noticia, de que soy útil a uno de los atributos considerado de la realeza creativa.

— Es que también tú lo eres Consciente, lo único que sin descubrir los valores que hay en ti, no puedes jamás despertar a tu realidad.

—Entonces, ¿todo esto se origina por qué no sé quién en verdad soy? Le preguntó Consciente, todavía anonadado por lo importante de la noticia que había recibido de la Razón.

—Así es hermano mío, ¿pues no sé si tampoco sabes que eres mi hermano mayor? —esto dijo la Razón con tono firme a su comparte Consciente.

—¿Cómo dijiste Razón? —replicó de súbito Consciente, como sacudiéndose de su letargo.

—Que eres mi hermano mayor. Así fuiste hecho por el Creador, siendo además para mí como la caja fuerte o recipiente donde hago uso de Inquisidor para llegar a guardar lo mejor de mí en ti, pues eres el mejor para traer equilibrio a todo el ser. Aquella última expresión de la Razón, produjo un impacto muy grande en aquel instante al Consciente, algo que valoraría por las edades venideras.

Luego de los tiempos que pasaron después de las edades de aquel encuentro, no se sabe si por el cansancio del camino para llegar aquel trono, donde se le reveló aquel misterio, o por la revelación que produjo en él aquel nuevo descubrimientos de sus cualidades, se registra en la leyenda que Consciente se le vio con más ánimo desde aquel instante, por lo que en aquel momento prosiguió.

—¡Ahora resulta, que soy tu hermano mayor!—dijo lo que para él hasta hacia un momento era un misterio.

—Si lo eres, y quiero además expresarte, que si te lo propones, eres el más rico de los atributos, pues en ti nos concentramos todos, pero para entenderlo tienes que despertar, todo para que puedas llegar a lo que en verdad eres, al conocimiento plasmado en tu propio consciente.

—¿Pero cómo puedo llegar hasta el fondo de su contenido sin éste obstáculo del cuerpo donde estoy encerrado ?

—le inquirió a la Razón, utilizando cono ser consciente sus propias herramientas de investigación.

—Elevándote a las alturas donde fuiste creado, tienes dones, ¿ lo sabías? —Le preguntó la razón tratando de despertar su ingenuo entendimiento.

—¿Dones, qué es esos? —preguntó Consciente como un niño hambriento que espera conseguir una respuesta a una de sus miles de interrogantes.

—¿No sabes los que son dones? Si no sabes, ellos son los atributos que Dios pone en nosotros, entonces tendré que comenzar la enseñanza contigo, a pesar de ser mi hermano mayor, aunque para esto tenga que llevarte a los pies del Conocimiento.

—Pero, ¿quién es Conocimiento?

— ¿Acaso tenemos más miembros en nuestra familia—Inquirió Consciente con cara más de párvulos que maduro ingenuos.

—Sí, el Conocimiento, él es el mejor maestro del cual puedes aprender, pues no existe alguien que haya sido creado fuera de él, por eso es imprescindible que pasemos a inquirirle. En eso puedo ayudarte, pues tengo la herramienta a mi favor para hacerlo.

—Si es así, y no tenemos otro camino para llegar a saberlo ¡Vamos, llévame hasta donde está el Conocimiento, me muero de las ganas por conocerlo!

Fue así como se dispusieron estos dos hermanos, tomado de sus manos, yendo por el camino que conduce hasta la madriguera donde habita reposado el Conocimiento, allí fue donde la Razón le hizo la pregunta del millón a Consciente, pues era su forma más efectiva para sacar lo que había en lo más profundo del alma de todos aquellos con los cuales trataba. —Dime hermano mío, en verdad, ¿cuál fue la verdadera causa que te trajo de tan lejos hasta mí? —le dijo sacando a su comparte el Inquisidor.

—Solo curiosidad, pues sentía un ruido debajo de mí, como si alguien susurrándome quería decirme u ocultarme algo, pero encima de mí percibí que estabas tú por mostrarte más visible.

—¿Solo por esas dos causas decidiste buscarme? —le siguió llevando hasta el fondo con su interrogante con el fin de obtener lo deseado, algo que sabía de sobra, pues era lo único en su naturaleza que le daría al final satisfacción.

—No, además de eso, solo porque sentí que hasta mí llegó un frío inusual, mientras por todos los canales que provenían donde habitaba el cuerpo inerte de donde provenimos, por escucharse allá un ruido que hacía, suaaaaaaaaaaaahhh, mientras golpes aterradores en aquel fondo donde estaba se llegaban a percibir, por tanto, quise acercarme por primera vez a ti, para que me explicara.

—Perdona mi hermano que no pueda explicártelo, pero al igual que tú tengo que ir más arriba, a un amigo que tengo que se llama Mente, pues nosotros tenemos dos clases de supervisores en nuestro interior cada uno, los cuales nos avisan de todo lo que sucede allá afuera, en nuestro exterior, los cuales ven y oyen mejor las cosas por nosotros, algo de lo que estoy seguro, ellos saben.

—Pues, entonces, qué hacemos aquí, vamos a ellos para que nos expliquen.

— ¡Vamos a investigar aunque nos cueste la vida, pues el Conocimiento es más perdurable en su valor que la muerte misma !...dijo resuelta la Razón, con rizos que alborotaban su pelo denotando su resolución... luego prosiguió__ Aunque antes como te dije tenemos que transitar el pasadizo de la Mente para que nos saque afuera por medio del Pensamiento.

—¡Vamos!—le dijo Consciente con ímpetu de más valentía en su decisión, aún—. Y así, lograron perderse a lo largo del camino, de aquel sendero que primero le conducía al Conocimiento exterior, y luego al largo recorrido que partía desde allí dentro, hasta más allá donde terminaba Río Rojo en su largo trayecto.

CAPÍTULO II

CUANDO SE TURBIAN SUS AGUAS

E ra increíble, por lo menos aquí fuera del coco, como le llamaría a este lugar de limitantes donde está el exterior, pues les confieso, que situándome en este espacio del Consciente estable que ha logrado reunir todas las piezas del saber y de la ciencia en que se apoya para estar aquí, le es mucho más fácil que en aquel momento cuando como novicio no podía llegar a conocer ni siquiera la razón que relacionaban con él los misterios de transformación de Río Rojo.

—¿Dime tu si lo sabes? —le dijo a una alondra que escuchó trinar una mañana cuando rayaba el alba, mientras divagaba por los predios fuera de su habitación.

—¿Que sé qué? —le respondió la alondra anonadada sin saber la base en la que cimentaba su pregunta.

—Perdone, usted la más hermosas de las aves —le dijo Consciente en tono galante tratando de conquistar su corazoncito, todo con el fin de obtener la respuesta que tanto anhelaba.

—¿Cómo dijiste?— le ripostó la Alondra atolondrada no creyendo aquel piropo de su inquisidor, al cual llamamos Consciente.

—Perdone tanta confianza, mi bella avecilla preferida, pues es la primera vez que salgo a estas hermosas y verdes praderas, donde habitas, pues soy un extraño visitante que viene de un mundo diferente.

—¿Cómo diferente, si te escuchó hablar mí mismo idioma? —respondió la Alondra, al desear indagar más acerca de aquella especie de galante caballero que por aquel diálogo, le estaba resultando simpático.

—Sí, solo porque soy una especie de almacén que guardo todo aquello, que ven los ojos, oyen los oídos, y perciben los sensores de los demás sentidos que llevan todos a la mente, y que analiza la razón, quienes lo depositan en mí por la confianza que me tienen.

—No te entiendo, pero déjame tratar de comprenderte ¿entonces tú no eres visible como nosotros los seres hechos de carne, sangre y huesos? —dijo muy interesada la Alondra.

—Así es preciosa mía. En otras palabras para que llegues a comprenderme no tengo cuerpo como ustedes los seres materiales, pero si tengo base donde sustentarme dentro de su ser interior, el cual me sirve como recipiente.

—Pero, ¿cómo puedes lograr hacerlo si nosotros somos seres visibles que podemos vernos y lucir lo que tenemos, mientras que a ti solo puede percibirte? —prosiguió la Alondra, inquiriendo con aire de dama coqueta en un plan de conquista.

—Por el Creador de todo el universo y todo lo existente haberme puesto dentro de los seres vivientes como ustedes —respondió Consciente, todo para darle motivación a sus vidas.

—Creo que eso que dices es muy profundo para mí, recuerdas que fui creada con más limitaciones que los humanos, junto a todos los animales, peces, y aves que componemos la fauna.

—Lo sé, por eso prefiero dialogar contigo, aunque solo sé que te diferencia de los hombres en los cuales se me autorizó morar, en quien se me dio también la licencia para en ellos habitar, aunque en estos momentos prefiero dialogar dentro de ti, porque sé que solo se te ha capacitado para tener instinto.

—Observo que eres mucho más sabio que nosotros, los que residimos en este espacio creado para el reino animal.

—Claro que sí, lo único que todo lo hago en silencio, sin mucha algarabía, pues el que mucho cacarea, solo muestra su plumaje, pero no la belleza interior implícita en la sabiduría.

—¡Aleluya! — se escuchó casi decir llena de admiración a la Alondra, pues era una de sus expresiones favoritas, la cual utilizaba como exclamación al sentir que aquello que se había dicho enunciaba una gran verdad.

—Y esto último lo digo por ti, pues eres una de las aves más hermosas de la tierra, de más bello plumaje. Por eso te escogí a ti de tantas que en la tierra he percibido desde allá adentro al oírles cantar.

—Entonces, desde allá adentro sentiste curiosidad por mí, ¿no es así? — dijo de súbito la Alondra.

—Sí, así es, mira si he estado pendiente que al escucharte trinar cada mañana siento que tienes cierta melancolía en tu canto. Presiento como si en verdad ocultara algo.

— ¡Claro que sí! ¿Quién que esté aquí afuera, no se siente igual? ¿Es que acaso no tiene ojos para ver el panorama que tenemos en este otro lado exterior?

——No Alondra mía, ¿no ves que ni siquiera fui creado como la tortuga, que por lo menos se le hizo con el derecho de sacar su cabeza ? Por eso sin quejarme tengo que vivir en este hábitat impuesto, aunque soy feliz.

—Qué pena me da contigo ¿Por qué, sabes?, este es un secreto que voy a revelarte, pues estoy aprendiendo a tenerte cariño.

—¿A quién, a mí ?... En verdad no sabes lo que dice —le respondió Consciente, al ver que ella se entregaba a él tan ingenua.

—Si a ti, ¿acaso no lo crees? ¿Acaso eres malo como el Cazador que nos pone trampa con el fin de atraparnos o matarnos ? —respondió un poco temerosa la Alondra.

En ese mismo instante, de súbito, el elevado árbol donde se asentaba se estremeció, interrumpiendo el diálogo de la Alondra con su interlocutor interno, al cual llamamos Consciente, ruido que hizo que esta volara de prisa saliendo despavorida por los aires.

Siendo así, como muy asustada, sintió que su corazoncito se le quería explotar de tanta presión que le provocó aquel ruido producido por el uso de la tecnología de los hombres, que pretendían en su ambición posesionarse de lo que a su reino le pertenecía.

Mientras allá debajo, para aquella asustadiza Alondra y adentro para Consciente, se escucharon aparte de aquel ruido enloquecedor de las maquinas modernas que recién se encendían, mientras el sonido de las voces por las conversaciones de los humanos se hacía legible al decir:

—Jefe, este pino está un poco nuevo todavía, creo que le falta algunos años para estar listo para cortarlo.

—¡Córtalo!... esos no son asuntos que te corresponden a ti determinar. —luego de una breve pausa se escuchó una voz de mando que decía— ¡Así que córtalo, que ese es tu trabajo y para eso en nuestra compañía te pagamos!

El Consciente al verse allí, en medio del desorden de aquel bosque que empezaba a avistarse, podía con las habilidades con que su Creador le había dotado llegar a la mente de José, el trabajador que manejaba aquel camión sierra moderno, que a pesar del dolor de su corazón, tenía que cumplir la función para cobrar un sueldo por el cual poder subsistir.

Por supuesto que desde este mismo espacio exterior, el mismo Consciente transitó de un espacio a otro, siendo así como salió fuera de aquel lugar que le servía como hábitat, por hacerlo su residencia permanente en cada ser, aunque con la ventaja que podía salir de su entorno interno, por medio de los sujetos visibles.

—Esa es una de mis ventajas —se escuchó decir en su presentimiento al Consciente. Lo que hizo que prosiguiera sin dejar sola a la Alondra, pero yendo en auxilio de aquel pobre obrero que en ese instante se sentía entre la espada y la pared.

Por eso se dispuso acercarse a José con el fin de indagar lo que en verdad pasaba en su interior, todo para no emitir un juicio incierto, y no llegar a una conclusión a priori.

Pero mientras esto era una determinación que tomaba el Consciente, del otro lado, en el interior de José, se extendía un escenario donde reinaba una terrible confusión, la cual comenzó al revés, pues tomaba lugar en su mente.

En medio de aquel suceso, Consciente tuvo que dar un viaje a la velocidad de la luz, para llegar primero a responder la interrogante que más trabajo le había costado, pues como recordarán había un misterio por responder y que almacenaba en los archivos de su entendimiento, y este era el de aquel ruido debajo de su habitación que en principio había escuchado.

Fue por eso, si recordamos, fue que acudió a su hermana menor la Razón buscando una respuesta en aquel principio de su despertar, pues quería saber cómo podía proceder para llegar al piso bajo de la habitación donde se sentía más aquel ruido, pero además, cómo obtener una respuesta de aquel que él sabía que estaba allí, pues en ciertos momentos presentía que allí había alguien que tenía existencia, al movilizarse al compas del mismo ruido.

—¿Recuerdas que una vez llegamos a tratar el tema de aquello que presentía que estaba detrás de mí? —le preguntó al llegar a la Razón de nuevo.

—Si lo recuerdo, ¿qué te interesa saber de aquello? —le dijo, sabiendo que para su hermano mayor, el llegar a entender el misterio de aquel extraño le era de mucha importancia.

—No —le dijo—. Lo que no entiendo de mi parte, es porque ni aun llegando hasta la pared que me divide de ella, ni siquiera por mi deseo de indagar acerca de su nombre, me trató con descortesía guardando silencio.

—Cuando lo sepas comprenderás el por qué —le dijo la Razón—, una astuta sabuesa que a base de preguntas acostumbra a llegar siempre al fondo de todo asunto que se proponía.

—¿Cómo sería para mi más efectivo llegar a ella? —prosiguió luego de una breve pausa—. ¿Sabes?... Es que tengo que cumplir una importante misión allá afuera que podría salvar a la humanidad con tan solo saber quiénes están en esas habitaciones. Le dijo con signo de preocupación en su acento.

—Pues si esto es tan grave, tenemos que unirnos para lograr investigar. Llévame a tu habitación contigo, desde ahí te ayudaré para que ambos logremos saberlo.

— ¡Vamos hermana mía! —le dijo Consciente a la Razón, mientras descendían a la pared más cercana a donde en su interior se sentían más aquellos ruidos producto de su imaginación.

Luego que llegaron hasta allí, la Razón procedió a tomar la palabra, pues estaba más preparada, debido a las licencias obtenidas para efectuar tales trabajos.

—Oye, amada, ¿estás ahí? —le dijo con voz muy tierna—. Ella sabía cómo hacerlo, pues tantas veces había tenido que hacer el papel de "Cantor de Amores", que para ella era algo habitual.

—¿No ves que ni aun a ti te responde? —le dijo Consciente intranquilo, debido a la prolongada pausa que se hizo.

—¡Sussshhhhh—! —se escuchó un leve sonido de parte de la Razón con el cual ordenaba silencio—. Sé paciente, le dijo con voz queda.

—¡Me escucha amada ?... Solo queremos saber tu nombre, pues creo que somos tus hermanos —No dijo más la Razón, esperando una respuesta de quien creía su interlocutor por medio de lo efectivo de su pausa.

—¡Aaaahhhh! —se escuchó del otro lado de aquella especie de pared imaginaria desde donde salió un sonido como el que se produce cuando se bosteza— ¿ Por qué no me dejan dormir ? — Se escuchó adentro de la habitación una especie de soñolienta voz.

—¡Por fin! Se escuchan por lo menos algunas señales de su existencia — dijo Consciente— al percibir solo aquella especie de resuello.

—¿Quiénes son ustedes? —Se escuchó esta vez una voz apenas silente, que se hacía sentir de nuevo muy cansada.

—Somos la Razón y tu vecino el Consciente— ¿Nos puede decir por favor quién tú eres? —le inquirió la Razón por ser más experimentada en sacar respuesta, algo que adrede, por sentirse impotente, Consciente le dejó hacer.

—Se me ha dado el nombre de Sub-consciente. Solo es lo único que conozco por orden del Creador acerca de mí, pero me siento limitado en mis laterales por una pared donde sólo por arriba me pueden entrar los sonidos que apenas puedo guardar.

—¡Mi hermano! —Se escuchó decir de repente a Consciente lleno de emoción por aquel descubrimiento— ¡Tú eres mi hermano menor! Pues a mí se me dio el nombre de Consciente, o sea que las cosas que no quiero retener las envió por arriba hacia ti.

—Efectivamente, por fin hemos llegado al fondo de la verdad, Consciente, ella es una especie de hermana auxiliadora para ti, así como desde el otro extremo, yo lo soy para ti, afirmó la Razón.

—Gracias hermana mía, más adelante aprenderemos más sobre nosotros y de las funciones con que fuimos dotados y cómo podemos operar mejor para bien de toda la humanidad donde habitamos.

—¡Escúchame Sub-consciente, por ahora tu hermano el Consciente tiene que salir a completar una misión que se le ha asignado, así que aguarda por nosotros que te prometemos volver en otro momento.

—Gracias Razón por todo lo que ha hecho por mí —le dijo Consciente a la Razón—. Hoy ha sido un día maravilloso para mí, el cual se lo agradezco a nuestro Hacedor. Así que Sub-consciente, tal como te lo prometió la Razón, nos vemos en otra oportunidad.

Así partieron, pero mientras iban de camino, Consciente aprovechó para poner al tanto a su hermana menor la Razón, ya que entre los dos escenarios que había dejado en el exterior, estaba una Alondra asustadiza y un humano muy confundido.

—Vamos primero a la Alondra, pues ella no tiene la capacidad de razonar y nos necesita más que el obrero que está confundido, el cual atenderemos más adelante.

— ¡Vamos! —expresó Consciente poniéndose de acuerdo—. Tengo deseo de salir a cumplir esta importante misión contigo.

— ¡Que honor mi hermano! Así podremos cumplir ambos obedientemente con una de las tareas más noble para la cual fuimos creados.

Fue así como llegaron decidido primero hasta Alondra, quien todavía templaba debido al terror que desde su interior le estremecía, por eso fue Consciente que llegó hasta ella por medio de su auxiliar el Instinto, pues la Razón encontró un grave impedimento para acercarse a ella, siendo que no había sido creado para el reino animal, sino para los humanos.

Pero no todo estuvo perdido, pues por intermedio de Consciente, pudieron llegar a la conclusión de que si lo podía hacer por su medio, por lo que Alondra le comunicó, que ella tenía una hermana parecida a la Razón en su interior que se llamaba Intuición, la cual era la otra contraparte con la cual podía hacer cálculos, aunque no tan profundo como en los humanos.

Así, que de todas maneras, lograron entenderse por medio de esas capacidades naturales con que habían sido creados. Siendo desde allí de donde Consciente partió, para servir de intérprete en aquella conversación imaginaria.

—Hola Alondra, ¿Cómo está? —le preguntó Consciente— la cual al escucharlo interiormente se llenó de mucha alegría, no obstante a los temblores de su frágil cuerpecito.

—Me siento un poco mejor después que siento que volviste —le dijo Alondra con un ligero y entrecortado acento en su trinar, debido a los vestigios del terror que le había producido aquel intento de destrucción de su hábitat por parte de los humanos.

—No te preocupe, estoy aquí —le respondió a quien consideraba su amigo el Consciente.

—¿Sabes? Traje una amiga conmigo, la cual se llama la Razón, mejor dicho, es mi hermana menor

—Hola, gusto en conocerte —respondió la Alondra con melodía suave en el acento de su voz, esperando en cambio una respuesta de la nueva amiga que le presentaban.

Pero no se escuchó respuesta de la Razón, todo porque ella no podía, debido a las limitaciones de sus facultades, escuchar a la Alondra, por lo cual ésta, al no escuchar respuesta a su amable saludo, le dijo a Consciente, —¿Acaso tu amiga es sordomuda? —así dijo sin saber con acento de ingenuidad lo que sucedía.

—En verdad no escuchaste su respuesta porque ella no puede oírte, ni tú a ella, pero ella me dijo cuando le comenté tu amable saludo, que gracias y que es una pena que no pueda llegar a conocerte mejor al no poder estar dentro de ti.

—Para mí también es una pena —le dijo con voz que nos hacía imaginar lo compungidas que estaba.

—Alondra perdona —le dijo el Consciente—, recuerdas el ser humano que hizo aquel ruido que te provocó terror a ti y tu familia.

—Si lo recuerdo muy bien, pues estamos habituados a esos ruidos que ha destruido casi todos los bosques
donde habitamos, así que no es la primera vez que en nuestro perjuicio lo hacen. — ¿Qué piensan hacer con ellos, pues esas gentes son muy malas? — Le preguntó Alondra muy preocupada.

—Mi hermana la Razón y yo, vamos a ellos con el fin de convencerlo, pues esta es una misión que nos corresponde por habitar también dentro de los seres humanos.

—¡Queeeeeé! —se escuchó un prolongado trinar que con notable estridencia hizo la Alondra.

Todo de nuevo quedó en silencio. Un poco más allá, se escuchaban los sollozos de un hombre, el cual con un ronquido desgarrador en su voz —se preguntaba— ¿Por qué me escogieron a mí para esta tarea criminal?... ¡Dios mío! ¿Por qué? —se escuchaba repetir.

CAPÍTULO III

LA PLAGA DEL GUSANO ASQUEANTE

L a inmensa pradera por donde pasaba el otrora famoso Río Rojo, en cuya ribera fueron atraídos por sus incontables riquezas tantos depredadores humanos, el cual se encontraba en la etapa de luto de su existencia.

Pero aun así, todavía cuando cualquier ser humano común, sin necesidad de ser un experto científico, se dispusiera a observarlo, con una simple mirada le bastaba para darse cuenta de que a éste los seres humanos le habían hecho tanto daños, que parecía una mujer maltratada, desgreñada, pero además abandonada debido al maltrato de sus incontables maridos, algo que le hacía lucir desliñada en comparación con las demás mujeres de la sociedad donde habitaba, en los tiempos de prosperidad.

Finalmente, los ecos de un sollozo de un humano con sensibilidad, penetraron irrumpiendo los espesos bosques que todavía aguardaban por la esperanza misericorde de algunos amantes de la naturaleza que abogaran por su preservación, aunque en aquel momento, solo se tuvo que conformar con quedarse enredado en su espesa vegetación.

Para que tenga una idea de ese descuido de parte de los humanos al original Río de vida, necesitamos descender a sus fuentes de recorridos donde se desplegaron sus riberas, para darnos cuenta describiendo un poco su condición de su tétrico panorama.

– ¡Denle de nuevo la limpieza que merecen sus cauces, devuélvanle por lo menos parte de las riquezas que le han robado!–vociferaban los ambientalista, un poco más consciente y menos comprometidos con aquellos que se han creído dueños del universo.

–¡Queremos vida en Río Rojo! –gritaban a coro sin escuchar siquiera el eco de su voz, la cual cada vez más se iba desgastando por el ronquido de las gargantas y el hambre de quienes la sustentaban.

Al observar en su estado al presente, para que tengamos una idea, nos podemos imaginar, como de ser primero un río de aguas cristalinas pasó al cabo del descuido de los años, a ser verde, debido a las lavas, y finalmente rojo, por razones que más adelante explicaremos, condición que al final le hizo merecedor de ese nombre.

La condición que Río Rojo tiene al presente, fue también el resultado de múltiples generaciones, por medio de las cuales vimos desfilar aquellos que aprovechándose le destruyeron el honor de su belleza sin tener contemplación.

–¡Fuera los depredadores !–se escuchaban de nuevo las voces apenas perceptibles de los que marchaban en aquellos días.

–¡Hey señor! –se escuchó una voz por encima del coro, mientras le hacían señas con sus brazos algunos hombres y mujeres que les observaban sin interés desde los balcones de sus confortables residencias.

Pero de nuevo, todo volvía a su ritmo habitual, los mismo obreros, no se unían a la causa por el medio ambiente, porque no tenían recursos para soportar en su precaria situación, ni un solo día de huelga al quedarse sin paga. Lo más increíble de esto, era que tanto los patronos como los gobiernos de los pueblos lo sabían, por eso estas presiones no le inmutaban.

Mucho más triste aún, es saber que los seres humanos a los cuales el Creador les dio el privilegio para preservar las aguas vivificantes de este río en su estado original, eran los primeros por su ambición en destruirlo contaminándolo sin ningún control.

Estos movido por el gusano de la corrupción, lanzaron en sus riveras toda clase de desperdicios, los cuales llenos de inmundicias, mediante los sucios desperdicios contaminados de las industrias que sin control de los gobiernos instalaron en los bordes de sus aguas, donde también llegaban los pobres e indigentes a sus orillas con el fin de lanzar sus pestilente basura, pero también cual letrina donde evacuaban.

—¡Vamos! —dijeron muchos de aquellos que antes marchaban al mirar que la vida se le iba y cada día se hacían más pobres.

—Compadre, si otros lo están haciendo, y los están logrando, ¿por qué usted y yo no tomamos la decisión de ir para aprovechar también las riquezas de Río Rojo.

—Si amigo —le dijo el otro—, es que Río Rojo es una bendición que el mismo Dios nos dejó para nuestro bienestar, ¿acaso no ves como otros se están enriqueciendo?

—No podemos quedarnos aquí parados, defendiendo una causa que no tiene doliente, ¿No ves que hasta los extranjeros se hacen ricos en sus cuencas?

—Es que lo que le han hecho los hombres, llora ante la presencia de Dios —se escuchó decir con timidez a uno, que por considerarlo religioso lo mandaron a callar. —Lo mejor es dejarlo todo así —dijo un líder comprado por dinero de la región. Así de nuevo se tuvo que esperar otras generaciones más para renovar una batalla por la supervivencia de Río Rojo.

En toda la orilla de su cauce se observaba en estado de desolación, pues Río Rojo se había convertido en un atractivo tanto de nativos como de extranjeros, por la cantidad exorbitante de sus riquezas, la cual como una herencia del Divino había sido dotada por medio de la naturaleza como un manantial de cuantiosas provisiones.

Mientras tanto allá, en la otra planicie de nuestro escenario tanto interno como externo, de nuevo Consciente junto a su hermana la Razón, reanudan su lucha por la conquista del ser, desde aquellos previos donde dejamos nuestro relato. Así que volvamos a la planicie donde se efectúa su batalla.

—Tengo que ir —se dijo Consciente—, aunque para cumplir esta misión tengo también que sacar fuerza de voluntad para alcanzar a ese pobre hombre lleno de confusión. Así llegó en sus conclusiones aquel vigilante conductual de todos los seres vivientes creados.

—Yo también voy contigo —le dijo la Razón—, sintiendo que un acto así en ese momento era un gesto de lealtad entre compañero , hermano y amigo.

Pero no todo quedó allí, pues aquel era un momento para que todo aquel que estuviera presente, desde allí tomara acción, siendo así como creyéndose parte de toda aquel asunto, más porque el mismo involucraba la destrucción de aquel bosque donde estaba su hábitat, siendo por eso que la Razón quiso llegar en su equipo a la Sabiduría y a la Inteligencia, lo cual le hacia un equipo invencible en la misión de su conquista.

—Yo también voy contigo —le dijo Alondra a Consciente—, y no me importa si en esta loable causa tenga que perder mi propia vida. Fue así como aquella pequeña gigante por el coraje que mostraba comenzó a volar para salirle al frente de la situación que ya se perfilaba desde allí como un combate inevitable.

—¡Alondra! Espera que tracemos un plan de acción en equipo! —le vociferó Consciente al ver como esta se dirigía disparada en dirección donde estaba aquel tractor, que como máquina moderna, la hacía a ella mucho más pequeña que David frente al Gigante Goliat.

—¡No! —dijo mientras salía volando por los aires cual una bala disparada por un cañón.

—¡Detente! ¡Detente amada mía! —volvió a expresarle con un acento suplicante aquella que le había dado entonces tanto afecto.

—¡No! —se escuchó de nuevo el trinar de la valiente Alondra—, esta es mi causa, gracias por ayudarme —puntualizó, mientras proseguía muy resuelta su vuelo sola acompañada del ímpetu de su Instinto.

Fue así como Alondra llegó a una rama que le quedaba de frente al cristal del tractor, donde del otro lado se encontraba José su conductor, y de una vez allí, en vez de emprender vuelo para pelear, la leyenda dice que empezó a trinar.

—José, José despierta hombre de noble corazón—. ¡José! ¡José! no destruyas este hábitat, no destruyas el porvenir.

—¡No!— No puede ser a mí, que esa Alondra me está cantando. Esto es una alucinación, este es un espejismo, las aves no pueden hablar —se dijo José así mismo, tratando de evitar aquel encuentro, sin comprender que era su Consciente que le hablaba adentro.

El pedazo de una prosa cantada, fue solo la introducción, pues todos afirmaban que aquel era un estribillo del poema de Florencio, que después de aquello fue cuando Alondra, para sorpresa aun de Consciente, que estuvo allí como testigo, empezó su magistralmente su concierto desde la rama donde se posaba.

"Dulce canto a tu alma, dice la leyenda que empezó a escucharse. Tú también tiene hijos, familiares, vecinos y amigos que necesitan este hábitat. Yo también tengo los míos, así como tú tienes los tuyos, así que al destruir este bosque, todos perderemos parte de nuestras vidas, también nuestro futuro, parte del porvenir, tanto de los pueblos como de las generaciones que nos sucederán. Es un crimen lo que haces, al quitarle la vida al bosque, él nos trae la lluvia, también produce la vida, pues en el momento que respira, su aliento llega a las nubes, que por medio del sol que calienta las aguas para sacarle vapor, nos deja desde lo alto la bendición de parte de Dios. Si no quieres volver a ver más primaveras, entonces ven, toma el valor y destruye nuestro bosque".

Aquel canto de Alondra, desde el momento que se escuchó, comenzó a producir un milagro, por lo menos para José Viterbo Dante, lo que hizo que aquel humilde obrero conductor del tractor, quien tenía la misión de derribar aquel bosque, por orden de los poderosos que en su propósito cargado de ambición, se había dispuesto llevar a cabo en aquel pueblo la destrucción de todos los bosques aduciendo el pretexto del desarrollo.

Pero un gran milagro de parte de Dios intervino, porque la leyenda relata, que allá en el pequeño pueblo de Florencio, cuando José empezó a escuchar Alondra, entendía su trinar en su propio idioma, el cual en su ser, para serle mucho más expectante él lo escuchaba como un ritmo de hermosa melodía dentro de él.

Suelen decir las crónicas que se escribieron, y las letras de algunas de las canciones que entonaban nuestros ancestros, que allá en Florencio, en aquel momento todas las aves de los bosques vecinos se unieron, haciendo un coro melodioso, que solo José podía entender.

Fue también desde aquel comienzo, un poco antes de Alondra empezar aquel concierto, que Consciente, quien levantó desde lo más íntimo de José a la Razón ganándole la carrera aquella avecilla amiga, que logró despertar su interés, con el fin de que éste le prestara atención.

—¡José, anda despierta! Deja de lamentarte y escucha el hermoso concierto que la Alondra ha preparado para ti —le dijo Consciente a aquel obrero que se encontraba patidifuso, debido a la decisión que le habían encomendado.

—¿Qué?... ¿Qué a mí?... Si, si exclusivo para ti ¿Acaso no lo estás viendo? —intervino la Razón al verlo todavía casi dormitando, pues se había quedado dormido en medio del sollozo.

—Solo mira hacia adelante, ahí está Alondra en aquella rama frente a ti, que ella quiere dedicarte una canción.

—¡José! — se escuchó su tono suave en especie de susurro melodioso que poco apoco se fue convirtiendo en una hermosa canción. Aquella era una inolvidable experiencia, un privilegio para un obrero que nunca pudo ir a un concierto por no alcanzarle el miserable sueldo que ganaba, el cual apenas le servía para el sustento de él y su familia.

—¡Wao! —se escuchó exclamar a José lleno de admiración, al ver y escuchar esta ave del bosque cantar como nunca lo había hecho, solo teniéndolo a él de espectador.

Cuando Alondra, terminó de cantar, cual si fuera una pausa magistral, se hizo espacio para un profuso silencio, a todo esto prosiguió, una risa que denotaba liberación en José, el conductor que su patrón por creerlo fiel le había dado la encomienda de destruir el bosque de Florencio a la orilla de Río Rojo.

—Hazlo ahora. Ríe, ríe, ríe sin parar José, porque ha llegado el momento de tu liberación. Ríe, ríe, campeón de mil batallas ha llegado la hora de celebración. Así se escucho el eco de la voz de José que retumbaban en los bosques cual de un robot que repetía su risa.

—Ja, ja, ja, ja, ja, ja —se escuchó aquella risa que estremeció también al pueblo de Florencio, el cual dicen los lugareños, que aun sangrando el Río Rojo, debido a la sangre que allí de derramó entre los hermanos de los pueblos, éste agitaba sus aguas en sus orillas, aunque con debilidad, como uniéndose al triunfo de celebración, que por la risa se interpretaba de José.

—¿Que vas hacer a partir de ahora José? —fue la voz de la experta Razón que a continuación inquirió en José, en momento que de súbito paraba la risa.

— Si, ¿qué vas hacer? —arremetió en aquel instante Consciente en su intención de convencer a José.

— Si, ¿qué voy hacer? —se escuchó a José susurrar, repitiendo cual si fuera un coro que salía de su mente, donde lo había dejado grabado, la Razón y Consciente.

—Sí, ¿qué vas hacer después de este milagro de ver un ave cantar en tu idioma? —luego de una breve pausa la Razón de nuevo inquirió—: ¿ Todo el pueblo de Florencio, por el bienestar de toda la humanidad espera tu respuesta ?

—¿Qué voy hacer? —dijo con los ojos un poco salidos de sus orbitas, y en alta voz ¿Qué voy hacer? —Volvió de nuevo a repetir.

—¿Qué vas hacer José? —reaccionó Alondra, esta vez dirigiendo un coro junto a otras aves del bosque.

—¡Te veo! ¡Si, te veo! —dijo de pronto José, mientras cruzaba sus ojos con aquellos pequeñitos pero penetrante de Alondra—. ¡No tan solo te veo, sino que entiendo y escuchó tu voz!… ! Es un milagro !… Exclamó.

—Sí, pero ¿qué vas a hacer José a partir de este momento, todos queremos saber? —se atrevió a romper el silencio Consciente. Pero José, no dijo más palabra, solo se hizo recordar uno de los principios que como herencia le había dejado su difundo padre:

"Todo hombre para probar su honestidad, tiene que probarse a sí mismo, luego de esa experiencia tendrá el valor suficiente para gritar a los cuatro vientos que es un hombre de recto proceder".

Estas palabras más que nunca le conmovieron, pues a pesar de haberla escuchado y repetido tanto en su mente, nunca le hicieron regocijarse más por ella, pues las mismas fueron como una luz que alumbró todo su ser dejando en camino una importante decisión.

Luego de repetir aquella expresión de su padre en su mente, dirigió de nuevo su mirada Alondra, donde ésta le esperaba, pues trataba en su instinto animal esperar de él una respuesta, algo que era como leyese en sus ojos una decisión favorable anticipada.

Aquello última mirada de Alondra, se le escuchó contar más adelante, fue la que definitivamente ayudó a José a tomar más de prisa aquella importante decisión, la cual sin saber le inmortalizó como héroe. —¡Hazlo ya¡ —solo se escucharon a coro las insinuantes voces de Consciente y la Razón que sacaron toda su energía para motivar la decisión desde el interior de José.

Luego solo se escuchó el encendido del motor de aquel tractor que conducía José, el cual en principio solo se sentía, acelerar y acelerar, pero nada de arrancar— Ram, ram, ram, se escuchaba una y otra vez aquella maquina criminal lista con sus cuchillas afiladas para derribar bosques, algo que dejaba a todos los presentes en aquel escenario en expectación.

Finalmente José, se dispuso a movilizar esta monstruosa máquina, que en principio parecía que iba a darle de frente Alondra, pero la avecilla se mantuvo serena en aquella rama donde se posaba, quedándose allí firme, valiente y sin inmutarse, lo que hizo que muchos de los presentes se llenaran de pavor. Cuando estaba a punto de arrollarla, pero de súbito José hizo que el tractor diera un giro de 360 grados, y enfilara nuevamente su marcha en dirección opuesta al pueblo de Florencio, el cual como hemos descrito, estaba a orilla de Río Rojo.

Cuando José llegó a la calle principal del pueblo, sus habitantes salieron al paso del ruido que producía la máquina que conducía, pues habían estado tristes en sus casas debido a la orden que sabían se le había dado para derribar el único bosque que le quedaba a su pequeño pueblo.

Como sabían que ni siquiera las protestas de los ambientalistas, que habían salido a las calles manifestarse por causa de la destrucción del medio ambiente, habían podido detener aquel crimen en contra de la flora, así como de la fauna, al escuchar aquel ruido que lo creían lejano, al salir y ver a José con aire de triunfo imperial, allá arriba conduciendo aquella máquina de terror animal, por lo que decidieron salir para hacerle cortejo siguiendo detrás de él, con el fin de acompañarle en lo que decidiera.

—Este es mi turno —dijo José irguiendo su pecho con aire de gallardía, pues por primera vez se sentía ser jefe de una situación, por eso prosiguió hasta el fondo, donde estaban las oficinas centrales de sus jefes y contratistas. —¡Para! ¡Detente! Es una orden — vociferaron sus superiores al verlo decidido, yendo en dirección del edificio de cristal que alojaba las oficinas.

Fue así como José, no se sabe a ciencia cierta si con aire de héroe o de hastió, a toda velocidad, arremetió contra aquellos cristales, logrando hacerlos trizas, mientras despavoridos, tantos empleados como ejecutivos vociferaban cual si fuera el día del juicio final.

—¡Para José, para! ¿Pero es que has vuelto loco? —dijo otro que de pronto observó que era inevitable que aquel obrero precipitara el gigante tractor sobre las oficinas, mientras marchaba de frente con sus ojos en orbitas.

El final, dice la leyenda, que después de aquel acto fue que todo el pueblo de Florencio, se llevó a José en hombros, los pasearon por sus calles como un héroe, y al cabo de los años hicieron una estatua de su imagen, la cual colocaron en el centro de su parque central.

Pero, ni aun con aquel gesto histórico de aquel valiente obrero, los hombres consideraron respetar la naturaleza, pues continuaron con la práctica de seguir lanzando desperdicio, y talando los pocos árboles de su bosque, lo que iba en detrimento de Río Rojo.

Muchos años después, al ver como continuaba el deterioro de aquel río que fuera fuente de vida de Florencio, se puso un letrero en la entrada del pueblo para ver si el hombre recapacitaba, el cual decía: ¿Cómo le quitaremos a este pueblo la mala costumbre de lanzar basura en el Río Rojo?

Pero todos seguían la rutina de su indisciplinado comportamiento, pues como dice el viejo dicho:"El continuo uso de las costumbres, se convierte en una ley imperativa".

Luego todo el panorama seguiría en retroceso, Río Rojo por el descuido de las generaciones que le circundaron se dirigía hacía una inevitable hecatombe.

CAPÍTULO IV

EL ORO
LOS HIZO MALDITOS

Fue para mí ridículo solo de pensarlo, pero fue así, ha sido así, y parece por lo que seguimos viendo que seguirá siendo así, en todo nosotros los seres humanos.

En realidad, del corazón de los habitantes de todos los pueblos que componían la Comarca, fue que llegó la decisión para que disminuyera la lluvia, siendo muchos los que se equivocaron cuando culparon de aquella tragedia a Dios.

Por ser dada toda decisión favorable, o desfavorables en la tierra a los hombres, pero por ser que lo más escépticos afirmaron que en esto incide el Soberano, pero en su Código expresa que también de los seres creados por ser dada a ellos su administración, entonces debemos analizar siempre un por qué de lo que aquí sucede en la tierra en consonancia con ese postulado.

Por eso en aquel presente, donde las edades ni aun por esas actitudes humanas pararían la manecilla de su propio reloj camino a cada uno de los segundo que marcaba a la destrucción, lo que hizo que por lo menos unos pocos de los habitantes a los cuales le fue revelado el misterio despertaran.

Pero ahora, estábamos allí parado en este espacio literario, aunque sin saberlo era transportado al compás de los movimientos de rotación y traslación en que era cargada en los brazos de la atmósfera el mismo globo geoide en que todos los humanos fueron colocados.

Siendo que es de sabios llegar a la comprensión que todo el globo que forma la tierra, al sacarle sus gases, sus metales y el mismo petróleo para evaporarlo al mismo tiempo que se desintegra en la atmósfera que se disipa la contamina, mientras que el globo se le achica su espesor cada día, aunque esto tiene por ahora sentido solo en aquellos habitantes que no tienen la fuerza, ni el poder para detenerlo.

Pero cuando por ejemplo un litro de leche en ciertas regiones se podía conseguir a un precio mucho más bajo que un galón de agua cristalina, hizo el punto de partida para que muchos comenzaran a despertar, logrando por ser más sabio que los demás, que por ellos empezara el éxodo de los pueblos más afectados por la subsistencia.

Fue así, como con apenas unas lluvias menos perceptibles se fueron adaptando todos los seres vivos, lo que hizo que las primaveras se fueran uniendo con los veranos cada año, dejando de cuatro solo tres estaciones, algo que comenzó en su deterioro a transitar tan silente que debido a la codicia, ni siquiera hizo que los seres humanos en su mayoría despertaran.

Pero más graves aun, pues ni aun al llegar la investigación a su fondo, por medio de aquellos que detrás de los que poseían las cuantiosas riquezas que habían acumulado, pues había otro ríos subterráneos de intereses más profundo que el mismo color negro de muchos de nosotros los humanos, al cual debido a su ambición le vieron tanto valor y utilidad colectiva, que por intercambiarlo por dinero, hicieron del mismo, en valor, otra clase de oro, logrando hacer que el dinero generara más dinero.

Pero no se daban cuenta los habitantes de toda la Comarca en general, la cual unía a todas las naciones y lo pueblos, que sacar aquel líquido de la tierra, aprovechando su utilidad, se estaba también afectando el equilibrio de todo el Globo, junto a ellos mismos.

Aquel panorama era tan profundo en su misterio que solo una proporción desigual entre los humanos llegó a saber su causa, siendo que eran tan solo como unos 100 de 7,000.000.000 millones de habitantes, pues a ellos iban todas las riquezas, por tanto decidieron a puerta cerrada, aunque parezca insólito, comprar por migajas el reto aun de los que percibían el misterio escondido, sin importar que eran sus semejantes.

Por supuesto, que desde arriba Dios le había dado capacidad suficiente, como a otras creaciones existentes en otros globos creados, los cuales a diferencia lo primero que aprendieron fue a preservar su hábitat universal, algo que los que estamos aquí abajo, no hemos logrado hacer, todo debido al gusano que se esconde en cada corazón, el cual conocemos bajo el nombre de ambición.

Toda la fuerza locomotora del planeta, encerrada en la Comarca lo saben, lo que incluye la automotriz, esta se puede lograr movilizar solo con aire, el cual al contener oxígeno y por ser el más puro de los combustibles, con tan solo éste se puede movilizar todo lo mecánico, sin necesidad de contaminar el ambiente, ellos lo saben.

Pero quién le hace desistir de la idea, al reducido grupo de los poderosos que se han hecho dueño de todo, a los cuales les pasa como al mono, por parecer que tienen su mentalidad, pues éste se agarra fácil, en una canasta, el cual cuando a una especie de jaula se le hace un hoyo donde solo le quepa la mano, el cual luego que la entre en busca del manís, al cerrar el puño en momento que decide sacarlo no puede por ser más grande su medida cerrado, pero por temor a perderlo, no lo suelta, ni siquiera cuando se da cuenta que el puño por su expansión no cabe en su retroceso, lo que hace que el cazador de mono, lo atrape fácilmente.

Los científicos que pueden lograrlo están presos también por el precio con que se compra el mismo oro. Ellos saben que el aire en su succión como en su presión, tiene capacidad para movilizar lo motriz, y que es menos contaminante, pero que además con ello salvamos de paso todo el Globo del camino de su destrucción.

Por eso el Globo se está desinflando, lo que trae desequilibrio, situación que cada día provoca más terremotos, más huracanes, mas tornados, pero ni aun así, por estar infectados por" el gusano maldito" el cual ellos mismos les llaman ambición, para el cual no han encontrado un fumigador terrenal capaz de eliminarlo de sus corazones.

Como podemos ver, no es fácil la situación para los habitantes del Globo, pues es como si lentamente una enfermedad se va apoderando del cuerpo, hasta echar raíces tan profundas, que por más esfuerzo que haga la ciencia ya no es posible curarla.

Desde este punto donde los seres vivientes todavía habitamos, por lo menos de este lado de la esfera contaminada, la situación es desalentadora, pues ni siquiera la limitante condición de los humanos en la Comarca, debido a la muerte, les hace detenerse; por el contrario, les hace embriagarse para olvidar su pesar, en vez de buscar soluciones.

Los seres humanos, en vez de ir dando paso hacia adelante al compás de las edades, pues no podían, debido a sus limitaciones, encontrar la fórmula para poder detener el tiempo, lo que hicieron fue llegar hasta las mismas universidades donde solo por razón histórica, llegamos a ser objetos de análisis por medio de los estudios que los mismos poderosos por dinero ordenaron.

Por tanto es también desde ahí, de donde partiremos yendo hasta el aula de un centro de estudio de alto nivel, para que nos demos cuenta en aquel presente donde los humanos se encontraban.

"Pero antes de este deplorable nivel que seguía logrando Río Cristalino, se acentuaba más en principio, por la falta de cuidado de las autoridades que gobernaban los pueblos en sus riveras", así se expresaba un profesor universitario mientras dictaba una de sus cátedras.

—¡Profesor! —le dijo en aquel instante uno de sus alumnos, quien levantando su mano derecha pidió la palabra conforme a las reglas establecidas en el aula, luego prosiguió—, ¿Pero por qué más adelante le pusieron por nombre Río Verde?

—Sí, profe, por fin, ¿cuál es el nombre, es Río Cristalino, Verde o Rojo? En verdad tantos cambios de nombre nos confundes —puntualizó otro de los estudiantes. —En verdad, los cambios a los que nos somete cualquier historia, son productos de las generaciones, pero más de las circunstancias —acentuó el profesor—. En otras palabras, todo depende del tiempo y de los cambios que ante nuestra vista, como seres humanos, se lleguen a efectuar.

—¿Se puede explicar mejor profesor? —inquirió otro de los estudiantes presentes—. En mi caso particular necesito tomar nota de ese punto— dijo.

—Voy a explicarte de manera más simple. Por ejemplo, un joven de pelo amarillento, en nuestros medios se le suele llamar "el Rubio", pero cuando envejece y se le llena de cana el pelo, o los pierdes por la edad, quedándose calvo, en su vecindario le cambian el nombre. Así sucedió con este río, primero era transparente como el cristal, por eso le llamaban Cristalino, luego las hojas y lavas como resultado del descuido, cambiaron sus aguas a verdes; y hoy, por razones que todos ustedes conocen, se le ha teñido de rojo.

Mientras allá afuera, de nuevo, en aquellos días del comienzo, la lluvia caía en el exterior. Era un tiempo donde todavía por causa de la espesa vegetación, los rayos del sol era todavía benevolentes y el agua que descendían desde los cielos, aunque menos frecuentes pero además según los análisis combinadas.

Luego que todos vieron este final, incluyendo a nuestros ancestros de generaciones pasadas, en el que lentamente al cabo de los años el caudal del río se fue desvaneciendo, hasta quedar tan solo este pesar hediondo, esta desolación y esa muerte que está ante sus ojos , y que los ha dejado enredados en sus luchas, en una especie de batalla interior entre ellos, a pesar de provenir todos de una misma familia, compuesta por padres, hijos y otros relacionados.

A pesar de estas luchas, unos pocos, desde sus fueros internos comenzaron a ponerse de acuerdo para tomar acción. Pero aquellos eran tan pocos, y tenían tan pocas fuerzas, que apenas eran como unos diminutos granitos de arena en la orilla de un inmenso mar, los cuales quedan a la merced de las fuertes olas marinas provocadas por el viento.

No era fácil, pues las diversas maneras en que habían sido conformados, les hacía que entre ellos, no solo en esa función de interés patriótico y social, sino también hasta podría decirse que humano.

Pero en este instante, prefiero de nuevo como escritor, que nos volvamos de cabeza adentro del caparazón, igual que la tortuga de mar, o en su especie de de ríos llamada jicotea , aunque esta vez nos iremos de nuevo, para en vez de escondernos de nuestras responsabilidades, descender a las profundidades donde están los verdaderos protagonistas de esta historia.

Por ser esta una batalla que libran los humanos desde lo interno, es que volvemos al Consciente, pues nos falta mucho por explorar de sus aventuras, por ser desde ellos, donde podemos llegar a ganar la batalla, o perderla.

Por ser un terreno evidente tan poco explorado, es de donde partimos para llegarnos desde su madriguera, a descubrir, tanto el porqué de estos males que aquejan a los humanos, como la búsqueda de sus soluciones, pues sostengo la teoría de que uno de los males que nos tenemos es dejar las cosas en el punto del análisis.

—¿Quién eres? —en principio cuando no se conocían, le preguntó la Razón con desdén a Consciente, algo que luego al pasar el tiempo, con tan solo recordarlo, les ocasionaba risa.

—¡Soy tu hermano mayor, carajo y por eso tienes que respetarme! —le dijo Consciente, al no conocer a fondo la sensibilidad de su hermana la Razón.

—¡Perdona! —le dijo la Razón en tono suave, luego prosiguió en su forma habitual de resolver todo asunto—. ¿Acaso, no te das cuenta que tengo nombre de una dama?

—¡Perdón!— ¡Perdón! Vuelvo a repetirte con sinceridad mil veces si fuera posible, pero es que las presiones a las que me guían mis labores con los seres humanos, no es nada fácil –se llegó a oírle decir tratando de justificar su exabrupto.

–No, no le dé importancia a eso, ¿recuerda que soy hecha flexible, por tanto razonable? Quiero que sepas que puedo comprenderte –le dijo.

–En verdad no quiero ser pretencioso, solo cumplo con una misión de honor que me fue dada, llegar primero a que ustedes dentro del ser tengan armonía para funcionar, por eso se me dio el nombre de Consciente, pues todos en esta familia, serian inexistentes sin mi existencia.

–Que eres entonces, ¿mi hermano mayor? –le respondió la Razón tomando la expresión en su acento, para poder afirmarlo en el corazón, pues había entendido que aquel que llevada la ventaja en su conformación, por ser dotado con la capacidad de sustentar la vida misma partiendo desde el Padre Ser, algo que ellos hasta ese entonces desconocían.

–La existencia comienza por mí, luego tu labor es afianzar todo lo demás por medio de la entrada que les permita a los argumentos que sustentan la existencia de todo los seres creados –le dijo Consciente a la Razón.

–En realidad mi formación he aprendido que es cual la de un ciego, que para llegar a un lugar lo hace tanteando, mientras que tú por estar allí tienes la única diferencia conmigo, por tener llegar a lo que anhelo en base a preguntas las cual consigo por medio de las respuestas –dijo la Razón a su comparte Consciente.

–Permiso, permiso –en eso interrumpió el Pensamiento, el cual salió de la razón.

–Y, Este, ¿quién es? –dijo al ver a Pensamiento interrumpir la conversación sin previo aviso, en aquel espacio también imaginario.

–¡Oh, se me olvidaba decirte que tenía otro hermano de madre! –Luego prosiguió– Te lo presento dijo la Razón, se llama Pensamiento.

—Veo entonces que procedemos de una larga familia —dijo Consciente en tono reflexivo.

—Si precisamente, quiero que invitemos a nuestra madre, por lo menos de este lado, pues cabe suponer que tenemos una madre de donde nos sustentamos desde nuestros orígenes, ¿no? —dijo pensamiento aprovechando la ocasión.

—Ya veo —dijo Consciente de nuevo, aunque ésta vez casi perplejo.

—¡Hermano mío !—le dijo la Razón—. Tú fuiste que introdujiste los archivos donde está registrado nuestro árbol genealógico, ¿Por favor puedes explicarnos?

— Si, con mucho gusto hermana. Nosotros tenemos un padre, el cual nos ha encerrado en un cuerpo que nos sirve de residencia —luego prosiguió— Él se llama " Padre Ser ", este concibió una hija y un hijo, la primera vive en la parte delantera de esa habitación y se llama Mente, esta tuvo también dos hijos, uno se llama Razón que es mi hermana, y el otro hijo se llama Pensamiento, que soy yo. ¿Hasta aquí, me entienden verdad?

—Si claro que te entendemos —afirmó Consciente—, pero dime entonces, ¿Dé donde procedo yo y el otro vecino que descubrí que dice que es mi hermano, y quien se dice llamar el subconsciente?

— Eso puedo decírtelo, pues soy el archivista de mamá Mente, por tanto por mis manos tiene que pasar todo nombre, exterior como interior, todo para poderlo organizar en esos inmensos archivos que posee la vieja. —Hey, Hey muchacho, no le falte el respeto a mamá —le dijo la Razón en tono correctivo, más por hacer bien su papel de hermana. —Perdona mi error hermana, a veces se me olvida que eres mucho más razonables —le dijo Pensamiento.

—Ahora Consciente respondo tu pregunta, pues desde tus lomos salieron también dos hijos. Lo primero que tienes que entender es que ustedes estaban equivocados en su apreciación primera, y aunque lo escuché en su conversación decidí guardar silencio hasta hora. La Razón no es tu hermana mayor como ustedes venían afirmando, sino nuestra mi hermana, la Mente es nuestra madre, así que tu vienes siendo nuestro el que nos representa como padre.

—¿Cómo dice Pensamiento? Todo esto para poder llegar a entenderlo mejor necesito entrarlo también para codificarlo en mi consciente —dijo con gesto de admiración al ir descubriendo su verdadera procedencia familiar.

—¡No, pero eso no es todo! Dime, ¿quieres saber algo acerca de ti? —le dijo Pensamiento, que haciéndose pasar como un experto, por tratar de impresionarlo a primera vista le inquiría.
—¡Oh, ! — Le inquirió con cara de sorpresa, luego prosiguió —Entonces tu eres quien me vas a explicar, y esta es la segunda vez que te lo pregunto, ¿quién en verdad es ese vecino que vive a mi lado que guarda tantos misterios?

—Pero por favor Consciente, ¿es de verdad que no sabes quienes son tus dos vecinos? —le dijo produciendo una especie de intriga en el Consciente.

—¿Dos Vecinos?... Acaso no es solo uno el que siento que vive a mi lado? —le respondió Consciente lleno de asombro en su expresión.

—Esos no son tus vecinos: Ese que siente cayado es el Subconsciente tú hijo menor, pero del otro lado en la habitación contigua tienes residiendo en su fondo está a tu hijo mayor la Conciencia.

—¿Cómo dice Pensamiento?... Ay, Padre Eterno, por poco me desmayo —concluyó Consciente, considerando que aquello era demasiado para él.

Pero salgamos afuera, donde los humanos libran en lo externo la batalla por tener que vivir en la plena actividad de consumo, donde no solo tiene que lidiar con los alimentos y las diferentes bebidas que le permite subsistir, sino también con la movilización tanto terrenal como atmosférica que les hacen producir sus desperdicios.

Fue así como al volver a Río Rojo, los hombres, por la necesidad de supervivencia, no se conformaron con los beneficios colectivos que le que otorgaba este regalo del Creador; sino que se llenaron de una desmedida ambición, pues cuando descubrieron que en varios lugares de este torrente de agua que recorría las florecidas praderas de los pueblos había oro, les llegó a dar una fiebre por la cual se llegaron a matar entre hermanos.

Así fue como la sangre de aquellos seres humanos, nativos y extranjeros, que se llegaban de todos los rincones del mundo hasta allí, hizo que aquel famoso río, pasara esta última vez, de color verde a Rojo.

¿Quienes son sus autores? Decía una famosa periodista de la época: "Estamos en la búsqueda de la verdad". ¿En verdad les creen?… Luego concluía al ver tanta desfachatez.

Si vienes con nosotros a ser parte de esta realidad, podrás entender por qué la leche está más barata que el agua, debido a que dejó de llover y a la contaminación del ambiente ha hecho su estrago.

¿ No lo puedes creer ?... Sé que no es fácil estando todavía aunque sea precariamente subsistiendo, pero aun así despierta.

CAPÍTULO V

NO ES UN MILAGRO, ES SANGRE

Aquella mañana cuando los residentes de los pueblos que se fueron agrupando como especie de montones en las riberas de Río Verde se despertaron, quedaron anonadados.

Todo aquello que había sido por generaciones la fuente de vida que había servido de sustento a todas las naciones en ambas riberas, iba recorriendo de sur a norte teñido de color rojo como la sangre.

Los habitantes al ver las aguas del Río Cristalino de ese color por primera vez quedaban todos estupefactos, pues era asombroso observar al estar presente como un elemento natural en su cauce como lo era aquel río, luego de dar tanta vida ahora se iba degenerando.

La razón de aquel asombro de la gente que se iba levantando aquel día, era porque Río Cristalino cambiaba de nuevo ante la vista de los pueblos cambiaba su color.

Mientras allá estaban todos atónitos, en la casa de Don Pancho, todavía en la oscuridad de aquella madrugada, la noche luchaba por no despertarse, siendo el reloj de su vejiga, casi al reventarse cargada de orina, le daba como todas las madrugadas el primer aviso para que se levantara.

— ¡ Ahhhhh, ! —Se escuchó el suspirar de Don Pancho al despertarse, mientras hacía resonar sus huesos al estirarse todavía en cama.

Una horas antes, de empezar a rayar el alba de aquel nuevo día que apenas comenzaba, Don Pancho como era habitual, había dejado a su nieto Jeremías en cama, para irse a solo unos kilómetros de la cabecera de Río Cristalino donde para esos días residía, por tener allí la casa de su sueño en el campo, la cual parecía salida de un cuento de Hadas.

Solo hacía unos años que había quedado viudo, pues la mujer de su juventud, Amalia, falleció en un accidente, que aunque a muy poco de los pobladores vecinos convenció en su trágica muerte, era mejor dejar ese asunto en manos de la cordura, tal como él como esposo había decidido dejarlo.

Aunque la pena invadía su alma por la falta de su compañera, él era un hombre forjado como el acero. Por tanto nunca se le escuchó, ni siquiera lamentarse de su situación, pero por sobre todo, se cuidaba de unas u otras parroquianas, que al saber de su condición de soltero, pero más por sus bellas propiedades merodeaban el lugar como el pan que quiere queso.

Como era un hombre sociable, pues así se condicionó su estatus debido a su trabajo de sus años mozos con la gente, tenía muchas amistades a los cuales para no sentirse solo, aunque no frecuentaba visitarles, si se hacía presente en ocasiones especiales de festividad.

Por supuesto, que entre todas sus amistades, había uno en particular con quien no solo compartía algunas de sus intimidades, sino con el cual llegaba a tutearse. Éste era su compadre Manuel, a quien conoció en los momentos de soledad en que le había dejado aquella viudez.

Todos los lugareños le respetaban, algunos comentaban en los pueblos que tenía un carácter muy tosco, pero no era verdad, pues aquellos que entraban en confianza con él, como era el caso de su compadre Manuel, conocían en el fondo que era muy comunicativo.

— ¡Compadre! — Se le escuchaba decir a su amigo Manuel, persona a quien le tenía más confianza para hablar del tema de mujeres que cualquier otro— ¿Cuándo terminará de aceptar que otra como la comadre Amelia, no vuelve.

No es un milagro, es sangre

— No es eso compadre Manuel, lo que sucede es que como van las cosas en este mundo, uno tiene que saber a quién trae a su lado por compañera —solía también en ocasiones repetirle.

Estos dos caballeros de ese punto no pasaban, pues ellos eran maduros para entender los límites en confianza de su amistad, algo que respetaron, aun cuando estaban subido de tragos. Aquella amistad entre ellos se hizo muy sólida, a raíz de la partida al más allá de Amalia, siendo desde entonces, pero más en aquellos días de soledad y de luto, cuando Manuel en un gesto que le marcó su vida, decidió estar con él, sacrificando sus propias responsabilidades para ir asistirle con las suyas, hecho que les consolidó más como amigos.

En aquellos días, fue Manuel quien le recomendó para que no estuviera tan solo, que trajera a su nieto Jeremías a vivir con él en su pequeña casita de campo, la cual era la atracción de los aldeanos del lugar por parecer salida de un sueño.

Don Pancho no era conformista, él más que nadie lo sabía. Pero después de haberse gastado más de cuarenta años trabajando en varias administraciones públicas, era la mejor decisión a la que había llegado, y esa misma por ser personal como solía decir, había que respetársela.

Luego de asearse, como lo hacía habitualmente cada mañana, se dispuso a colar su aromático café con el cual levantaba su ánimo temprano, antes de salir a recorrer los campos, en particular porque había un árbol donde le gustaba sentarse a orilla de Río Cristalino, de donde podía entrar sus pies en el agua, mientras observa a los peces juguetear, a los que parecía por su habitual encuentro con ellos, cada día hablarle. Aquel cuadro de la naturaleza para él era uno de los más impresionantes.

— A este muchacho, ni el fuerte aroma de café lo despierta— Se le escuchó musitar, mientras meneaba de un lado a otro su jarrita de aluminio, tratando de endulzar su "negrito" como él solía llamarle.

Podría decirse que desde un tiempo atrás, aquello que hacía era una especie de agradable rutina, la cual seguía como si fuera un robot programado para volver a repetir sus movimientos, aunque a diferencia, Don Pancho por ser humano, disfrutaba de todo aquello que diariamente hacía.

— Si Jeremías un día se levantara y saliera a caminar por los campos a esta hora, se diera cuenta que no existe en la vida algo más confortable que esta experiencia— Fue así como prosiguió diciendo después de una breve pausa.

Luego siguiendo con la rutina de todos los días, al sentirse preparado, decidió salir de la casa para dar su habitual caminata mañanera, a la que estaba acostumbrado.

En el camino, los pajaritos de casi todas las especies, mostrando en su aletear la cubierta multicolor de sus hermosas plumas, le salían al encuentro, mientras trinaban con insistencia en un festivo alboroto matinal. El caminante, con paso no muy ligero y distraído, iba alegre por el camino reaccionando con un silbante murmullo, como si pretendiera responder el atento recibimiento con que los cantores del campo celebraban su presencia, en una relación que ya se había hecho para él muy domésticamente familiar.

— ¡Esto es increíble!… Nunca antes había visto algo semejante –se le escuchó decir a Don Pancho, al llegar a la ribera del lado derecho en la cabecera de Río Cristalino. Se trataba de algo que solos los árboles de aquellos espesos bosques, junto a las aves y los animales que pastaban pudieron escuchar, sin responderle palabras.

El cuadro que empezaba a dibujarse delante de su vista, a medida que internaba más su mirada en la lontananza, era desgarrador, pues parecía como si a propósito, las hojas, combinadas con yerbas de diferentes especies, las fueran cortando para dañar las aguas de Río Cristalino.

— Esto tiene que verlo mi nieto Jeremías –fue lo que atinó a decir en aquel momento en que sentía un nudo en su garganta y un ligero malestar que comenzaba colocar un especie de hormigueo en su estómago.

— ¡Vamos Jeremías muchacho dormilón! ¡Vamos que el mundo se acaba muchacho y los humanos no tenemos tiempo para dormir! —así se escuchó en un fuerte acento la voz de Don Pancho quien al volver de los predios ligeramente perturbado por lo que había visto en esa hora de la madrugada.

— ¿Qué pasa ?... ¿qué está pasando abuelo para que tengas que llamarme tan sobresaltado? —le inquirió todavía soñoliento Jeremías, a quien al abuelo le servía de consorte.

Aquella manera de Don Pancho despertar a su nieto Jeremías era algo habitual, por eso él, aunque joven, no se enfadaba con su abuelo; por el contrario, aunque algunas mañanas se levantaba a regañadientes, como dice el dicho, más adelante se lo agradecía.

— Que, ¿qué pasa muchacho? En verdad no puedes ver las cosas que están sucediendo por estar durmiendo. ¡Anda levántate! Sal afuera al campo, vete a Río Cristalino, para que observes que ahora ya trae el color verde, para algunos parroquianos un signo de esperanza por ser verde su color, pero para las profecías de nuestros ancestros el comienzo del fin de nuestros días.

— ¿Pero abuelo? Si no fuera porque esa noticia sale de tu boca, te confieso que no la creería —esto dijo Jeremías con sinceridad, pues conocía casi más que ninguna otra persona a su abuelo, con quien se había criado desde niño.

—Por ahora, son solo unos hilitos de color verdes los que están descendiendo, pero ya verás que son el inicio de los presagios de las profecías de nuestros ancestros— dijo con signo de pesadumbre.

— Abuelo, déjame ver si te entiendo, ¿con eso quieres decir que por ahora es solo un hilito lo que se observa, pero que éste seguirá en aumento?... —eso inquirió con un entrecejo de preocupación.

— ¡Efectivamente, hijo! Conforme nos contaban nuestros antepasados al ver como los tiempos cambiaban, llegaron a la conclusión de que Río de

Vida un día se convertiría en Cristalino, de donde luego llegaría un día a transformarse en verde, y luego lo peor, en un río rojo color sangre en su final.

—Pero, ¿abuelo, lo que tú me está diciendo es grave ?… Pues conforme al curso que siguen las cosas, entonces nos esperan días de gran confusión en todas las regiones que reciben los abundantes beneficios de las aguas de Río Cristalino.

—Mucho más grave aún, hijo —mientras una especie de nudo detuvo al abuelo, logrando tragarse sus propias salivas, lo que le hizo hacer una forzada pausa, y luego prosiguió— Lo más grave es que dentro de varios años, tendremos que acostumbrarnos a escuchar cómo se nombra, este Río llamado Cristalino por sus aguas trasparentes, el cual lo hemos recibido de Dios como una bendición divina.

Por supuesto que Jeremías tenía sus padres vivos, a quien visitaba frecuentemente en la cuidad llamada Bitares, una cuantas leguas más debajo de aquella parte donde su abuelo, tomando precauciones futura había decidió mudarse una década atrás después de retirarse, mucho antes de cumplir la edad habitual para hacerlo.

En aquel tiempo, Pancho, desde la esfera profesional donde se había ubicado desde su juventud, más que un secretario de palacio, quedando como un consultor de parte de los gobiernos, labor que había desempeñado desde su juventud, después de haberse cansado de la vileza de los hombres que gobernaron desde sus palacios.

Ese oficio le había dejado cuantiosos bienes, sin necesidad como él solía repetir para claridad de los oyentes de corromperse, dado que recibía aparte de un buen salario, frecuentes dádivas que como regalos les hacían una gran cantidad de ciudadanos, que se sentían favorecidos con los servicios que prestaba.

En sentido general, aun aquellos que trabajaron a su lado lo reconocían como un funcionario no solo de sobrada capacidad, sino además de honrado carácter, algo que validaba el honor de ser llamado como "Don Pancho", por todos aquellos que lo conocían.

Fue así, como luego de reflexionar por muchos años, decidió construir con los ahorros de su vida, una estancia familiar, cerca de los predios que rodeaban en su cabecera al Río Cristalino, todo porque era un hombre muy sabio, que siempre, aunque muy modesto, vivió adelantado por lo menos una generación a sus contemporáneos.

Pero al final, siendo considerado Don Pancho como uno de los sabios más adelantado a su época, quien todavía a los 52 año sintiendo todavía el vigor de su juventud, decidió apartarse de las multitudes al comprender que todos sus consejos se hicieron inservibles, aun en medio de quienes que le rodeaban.

Era que en esos días, aquel río que él había visto darles tantos beneficios a todos los pueblos en sus riberas, ahora de cristalino, comenzaba a tomar una coloración verdosa, debido al descuido de aquellos que tanto se habían beneficiado de la pureza cristalina de sus aguas.

Aunque la preocupación no había degenerado en pánico, ya los comentarios se hacían más frecuentes y comenzaba a generarse cierta preocupación en todos, lo que le motivó a correr más de prisa en vía contraria aquello que motivaba aquel actitud tan mezquina de los humanos.

— ¡Vamos!   —le dijo Don Pancho a su nieto, al verlo como se había dado prisa en cambiarse de ropa aquella mañana para ir a observar el nuevo cambio en el río.

— ¡Vamos abuelo, pasemos por la ruta de Valle Esperanza, este es el camino más corto para tener la mejor vista desde la Colina de Sauce Hermoso! —luego al terminar de amarrarse los viejos zapatos, los cuales habían perdido su color prosiguió— . Así subiremos a la "Vieja Colina", de donde podremos observar a Río Cristalino desde los Vados mucho mejor.

— ¡Sí, vamos! — le dijo su abuelo muy decido, pues aquel ambiente no le dejaba otra opción.

Por supuesto, como conocedores del territorio, ellos se pusieron de acuerdo para acortar la distancia, por lo que tomaron el viejo camino, trayecto por el que, al no tener que rodear el inmenso bosque de sauce, se llegaba más rápido en un cruce que lo ponía en menor tiempo en su destino de llegada.

Mientras iban por aquel viejo trecho que le conducía a la colina, observaron como las ramas de los árboles comenzaban a tornarse de su verdor a mustio, mientras toda la naturaleza aguardaba en silencio, siendo las aves las que dieron signos de percatarse primero al dejar de trinar, y las bestias hicieron huelga aquella mañana para no mugir, algo que a ellos le irisaba la piel poniéndola de gallina.

— Jeremías, hijo mío, no sé qué tu percibe –se escuchó la voz de Don Pancho, que luego prosiguió–, pero, todo esto me está pareciendo extraño.

— A mí también abuelo, pues nunca en los años que tengo merodeando por este sendero, había visto la misma naturaleza en esta triste condición.

—Todo esto tiene una sensación como si la naturaleza estuviese a punto de llorar –esto último lo dijo mostrando pesar en la inflexión de su rostro.

— Así mismo, lo siento yo abuelo –y luego de una pausa prosiguió— ¿Sabes?, siento como si me empujaran para que comenzara a llorar yo también – siendo así como dos lágrimas comenzaron asomarse humedeciendo sus ojos de color café.

Fue así como en medio de los sauces el sol en las alturas le negó su luz a aquel bosque donde se encontraban, quedando en completa oscuridad, algo muy extraño en la naturaleza, y que solo se recuerda el día de la crucifixión del Mesías Redentor.

Aquel panorama era no solo increíble, sino atemorizante, pues una sensación de temor se apoderó del ambiente, algo que proseguía con una humedad que parecía traer consigo presagios de muerte.

— ¡Dame la mano Jeremías y prosigamos! —se escuchó la voz de Don Pancho tratando de evitar que su nieto se extraviara, pero ignorando que aquella oscuridad y humedad de sensación de muerte era pasajera.

— Si abuelo, dame también tu mano y prosigamos, pues conozco bien este lugar y desde este punto estamos próximo a la salida al pequeño valle que nos conducirá a la colina.

En verdad conociendo a Don Pancho, y más a su obstinado nieto Jeremías, se podría asegurar que no fue por temor a la oscuridad que en aquel instante en medio de las densas tinieblas que le cubrían, en un momento de la travesía, al sentirse desorientado por andar a tientas, se abrazaron, y a pesar de ser hombres, lloraron.

Finalmente, comenzaron a divisar unos pequeñitos rayos de luz que, aun en medio de la densa oscuridad, en la salida del otro extremo del bosque de los cipreses y sauces, les llenó de esperanza, lo que hizo que subieran luego de salir del bosque llegar al valle hasta ir derecho a la colina, pues desde allí era donde podrían descubrir la realidad de Río Cristalino.

—Ven, vamos, que desde aquí podemos observar mejor por la que atraviesa Río Cristalino, más que de ningún otro lugar. Allí, donde ellos iban a bañarse, tomaban aquella colina como trampolín, para saltar, mientras los peces junto a su caída alborotaban las aguas con sus espantos en el pasado.

— ¡Santo cielo!… —se escuchó a Jeremías su nieto decir, con ojos de chorotes al ver aquellos colores que se entremezclaron con las aguas.

— ¡Qué barbaridad, hijo mío! —expreso Don Pancho, con más dudas que admiración en su expresión, reconociendo en su acento que aquella realidad era irreversible y mucho más grave que a la que en aquel instante se enfrentaban sus ojos.

Luego descendieron de la colina, llegando a la ribera del otrora Río Cristalino, de donde partieron corriendo para darle la noticia a los aldeanos de los pueblos enclavados en sus orillas, pero un fuerte murmullo ensordecedor de multitudes se iba haciendo más audible, mientras ellos iban a su encuentro.

— ¡Sangre! ¡Sangre! ¡Esto es sangre! —proseguían las voces en aumento. Por supuesto que aquello era un toque del botón de la alarma, pues solo se percibían entre lo verde, unos pequeños hilitos del color rojo de la sangre.

Mientras en los pueblos se preguntaban, observando el agua se movía mucho más lenta: "Señores, ¿serán estos los fines del mundo?".

CAPÍTULO VI

LAS DOS HIJAS DE LA SANGUIJUELA

L a alegoría sobre las dos hijas de la sanguijuela proviene del rey salomón, quien entre otros proverbios y anécdotas escribió:

La sanguijuela tiene dos hijas que dicen: ¡Dame! ¡Dame!… Proverbios 30:15ª.

Cuando nos internamos para interpretar lo que este sabio rey quiso decir, tenemos que llegar para lograrlo, no a la función de la misma sanguijuela, sino al por qué siendo una, tiene dos hijas con el mismo nombre.

Resulta curioso, que ambas hermanas que salen de la sanguijuela tienen el mismo nombre. Observemos que son nombres propios porque, están referidos con las letras iniciales en mayúscula.

¡Dame! ¡Dame!… Marcadas además en sus comienzos con signos imperativos, lo que nos lleva directo a la importancia que tienen ellas en lo sindicado en sus mismos nombres, lo que nos guía en razón del comportamiento humano a lo figurado de una actividad habitual con dos movimientos que halan hacia sí conforme a sus nombres en un Dame y Dame.

Todo esto, bien lo podríamos codificar como: ¡Codicia! ¡Explotación! Algo que si lo interpretamos en sus dos movimientos en función de la sanguijuela para succionar, o chupar, por conocer mejor este término entre nosotros, nos daremos cuenta que solo son dos acciones, la que esta hace para extraer nuestras sangres al mordernos, las cuales se pueden trasladar en un: ¡Chupa! ¡Chupa !

Todos los males que se plantean alrededor de Río Rojo, como podremos observar, son el reflejo simbólico de la situación de deterioro que a nivel mundial vive la humanidad, todo si lo analizamos profundamente por la indicación en sus acciones de esas dos palabras: ¡Ambición! ¡Ambición!.

Veamos de manera retrospectiva desde las generaciones pasadas que rodearon en sus circunstancias hasta Río Rojo, de donde partiremos para llegar a Verde, luego de ser Cristalino y de venir de ser en su origen un Río Vida; por supuesto algo simbólico para describir la impotencia de la humanidad para recuperarse por sí misma del deterioro que ella misma le había causado a la naturaleza.

En referencia a este mal que se le ha hecho a la tierra, tenemos que tratar de conocer lo que opinaba hace unos dos mil años aproximadamente un hombre de la estatura de la sabiduría del apóstol Pablo, quien escribió:

" Porque la creación fue sujetada a vanidad, no por su propia voluntad, sino por causa del que la sujetó en esperanza; porque también la creación misma será libertada de la esclavitud de corrupción, a la libertad gloriosa de los hijos de Dios. Porque sabemos que toda la creación gime a una, y a una está con dolores de parto hasta ahora" (Romanos 8:20-22).

Como podemos observar a simple vista, por las declaraciones de éste Apóstol podemos deducir que todo este mal que nos ha venido a los humanos alrededor de los relatos en Río Rojo estaba profetizado, llegando hasta el punto de ver a la misma naturaleza contenida en la creación gimiendo.

Esto último nos lleva al llanto que tiene la misma creación al sentir el peso del deterioro en su propio seno, pues ella "gime a una, y a una está con dolores de parto hasta ahora", lo que nos deja entrever su dolor al presente.

¿Será cierto esto último planteado? Basta observar como los crímenes entre nosotros siguen en aumento, esto sin que tengamos que dar estadísticas anuales de ningún país, pues aunque en algunos se registran más asesinatos que otros, en todos se derrama la sangre de los humanos.

Luego la sanguijuela sigue con el Dame y Dame, que es lo mismo que el Chupa y Chupa de la tierra de esa sangre nuestra, la cual prosigue tiñendo en su derramamiento aquel Río que un día fue de Vida, luego Cristalino, después Verde, y por último Rojo por el color de la sangre que contiene.

En una demostración objetiva, podemos llegar a este nefasto resultado, analizando las huellas de nuestra actuación como seres humanos que habitamos la tierra desde un principio, para lograrlo tenemos que acercarnos al único libro de crónicas que registra esos acontecimientos, la Tora, libro de Vida como le llaman en los Israelitas a los primeros cincos libros incluidos en la Biblia.

Por eso partiremos desde el principio para llegar a las conclusiones pertinentes de este mal que nos aqueja, el cual visualizamos desde la realidad que viven los residentes a la orilla de Río Rojo.

Todo este desarrollo de la maldad que ha ido en crecimiento de generación en generación, por medio de la cual visiblemente ha dejado sus sucias huellas de maldad mezclada con la sangre de nuestros semejantes desde los primeros días de la historia acontecida entre nosotros los seres humanos.

En el libro de Génesis, por ser desde allí de donde partimos para darle crédito a su historia, es donde encontramos la narrativa del primer homicidio que provocó derramamiento de la sangre humana, con la cual Río Rojo comenzó a manchar sus aguas cristalinas. Leamos:

"Y dijo Caín a su hermano Abel: Salgamos al campo. Y aconteció que estando ellos en el campo, Caín se levantó contra su hermano Abel, y lo mató. Y Jehová dijo a Caín: ¿Dónde está Abel tu hermano? Y respondió: No sé. ¿Soy yo acaso guarda de mi hermano? Y él le dijo: ¿Qué has hecho? La voz de la sangre de tu hermano clama a mí desde la tierra" (Génesis 4:8-10).

Este fue el principio de la maldad que marcó la caída del ser humano, en el cual se registró el primer derramamiento de la sangre humanos, siendo increíble como desde el mismo inicio de la creación visible comienza todo este gran conflicto entre dos hermanos.

El resultado final como podemos ver, fue la muerte del justo Abel de parte de su hermano Caín, el cual se convirtió en el primer homicida sobre la tierra, lo que hace que Río Rojo empezara a colorear sus aguas de ese rojo carmesí.

Luego vienen para seguir llenando los surcos de ese Río Rojo color de la sangre con la cual se alimentan las dos hijas de la Sanguijuela, aquella sangre mezclada con sudor que derramó el Mesías Redentor al decidir entregarse en Getsemaní para salvar a la humanidad. Leamos: "Y estando en agonía, oraba intensamente; y era su sudor como grandes gotas de sangre que caían hasta la tierra" (Lucas 22:44).

Desde ese momento, aun un poco antes de su crucifixión, el Cristo, el Mesías Redentor comenzó a colorear con su propia sangre el Río Rojo donde espera para seguir chupando la Sanguijuela, que no se sacia con su Dame y Dame a miles de seres semejantes a nosotros que siguen muriendo a cada segundo que pasa.

Como podremos observar, esa sangre mezclada con sudor fue derramada en la agonía del dolor que Jesús comenzó a sentir una noche antes de su crucifixión donde se adelantaba vertiendo parte de su sangre con el fin de redimirnos.

Luego vendría a derramar, no por voluntad propia como sucedió con la primera, pues el derramamiento de esta sangre era la sangre del inocente Cordero de Dios, la cual se desparramó en la tierra, llegando hasta las cuencas de Río Rojo, de donde con sus hijas, Dame y Dame, se seguiría alimentando esa hija de mala madre llamada Sanguijuela.

En el espacio que sigue, quiero mostrarle como los judíos contemporáneo a Jesús, un poco antes de Pilato retirarse del juicio, sus propios hermanos de sangre por ser nacido en la misma tierra del Maestro, se echaron la culpa sobre ellos y sus generaciones venideras al decir lo siguiente:

"Viendo Pilato que nada adelantaba, sino que se hacía más alboroto, tomó agua y se lavó las manos delante del pueblo, diciendo: Inocente soy yo de la

sangre de este justo; allá vosotros. Y respondieron todo el pueblo, dijo: Su sangre sea sobre nosotros, y sobre nuestros hijos" (Mateo 27:24-25).

Cuando a esto se suman, la sangre de los mártires que murieron aserrados, apedreados, acuchillados, crucificados, junto aquellos que todavía en la actualidad siguen muriendo por su fe en países donde todavía se mata a los seguidores de Dios y de su reino por causa de su creencia, tenemos que aceptar que toda esta sangre literalmente va a parar al Río Rojo, de donde todavía las dos hijas de la Sanguijuela con su Dame y Dame se alimentan.

Luego también a esto se le suma, por ser nuestros semejantes, la sangre derramada en la tierra de los millones que mueren por las guerras, la de aquellos que lo han hecho en defensa de su patria, los crímenes llamados de Estados, en peleas callejeras por drogas, por femenicidio, sangre que si la juntamos todas, los sauces de Río Rojo le fueran estrecho.

Todo este episodio humano con sabor a hiel debe ponernos a reflexionar a los seres humanos, siendo que no solo el río de sangre se nos ha llenado hasta el borde, sino que en la actualidad es tanto el mal, que la sangre coagulada se está pudriendo, oliendo tal mal que ni aun a la Sanguijuelas les gusta su amargo y nauseabundo sabor.

Por tanto solo nos reta un punto más en todo esto, lo cual nos hace conectarnos con lo divino, porque tenemos también que pensar, qué dice Dios de toda esta barbarie a la que nos hemos abocados mediante el derramamiento de tanta sangre con la cual la Sanguijuela se sigue alimentando. Leamos:

Y vio Jehová que la maldad de los hombres era mucha en la tierra. Y que todo designio de los pensamientos del corazón de ellos era de continuo solamente el mal. Y se arrepintió Jehová de haber hecho hombre sobre la tierra y le dolió en su corazón ". (Génesis 6:5-6).

Nunca podremos olvidar, y recordaremos con nostalgia aquel raudal de agua fresca del Río Cristalino, que además de su trasparencia era una fuente natural digna de la admiración nuestra, y la riqueza de la naturaleza cuando fue creado, pero más cuando fue visitado por primera vez por los humanos, que se deleitaban observando sus aguas en las que podían ver en su vado corretear, cual si fueran niños jaquetones en uno de nuestros vecindarios, a las diferentes variedades de peces, los cuales se movilizaban alegres de un lugar hacia el otro, como si cada cual tomara su carril al transitar, sin que chocaran unos con otros, por cual cada respetar el espacio ajeno.

Los niños junto a los jóvenes solían subir hasta aquella pequeña colona, mientras las mujeres de los pueblos llegaban a ambas riberas de Río Cristalino con el fin de lavar las ropas de las familias, mientras sus grandes rocas y las ramas de los árboles en las vísceras de sus orillas les servían de tendederos.

Lo que dejaba a los pueblos de aquellas épocas con el privilegio de ser considerados como el principal atractivo de todas las gentes sin distinción de personas en su raza, color, credo, posición social o económica.

Un historiador de la época en que el río pasó a tener aquel color rojo como la sangre escribió:

"Nuestros antepasados fueron visionarios que se adelantaron a las épocas en que vivieron, los cuales midieron el deterioro de los tiempos por medio del Río de Vida, como le llamaron nuestros aborígenes. Era que debajo de sus aguas cristalinas, allá en el fondo de sus vados, al cruzar a Río Cristalino en su prisa, por querer llegar en su travesía a recorrer diariamente las praderas de los predios vecinos, lo que incluían una hilera de ciudades edificadas todas a los largo de sus riberas a las cueles bendecía con sus abundantes riquezas naturales".

— ¡Salten! ¡Salten! —se escuchaban las voces de los jóvenes decirles a los niños, quienes alegres se bañaban desnudo, por ser parte del inocente pudor de aquellos días.

— Mujeres llegó la hora de bañarnos! —solían decir las mujeres buscando un lugar apartado donde por igual se terminaban de dar un baños sin que jamás se viera en ellas una sola mirada lasciva.

Las dos hijas de la Sanguijuela

Aquel momento cuando no se conocían, las tantas diversiones domesticas de la actualidad, lo que incluye medios modernos de comunicaciones, hacía en su inocencia muy felices a las mujeres casadas, las cuales cumpliendo con las responsabilidades de los quehaceres domésticos al lavar la ropa de sus familias en Río Cristalino, lo que les hacía muy felices con tan solo pensar que al final, se darían aquel baño entre una sana risa, lo que despertaba la curiosidad por solo explorar sus cuerpos, junto a sus vecinas y amiga, lo cual les era en su inocencia cultural lo que provocaba solo curiosidad y admiración.

Para que tengamos una idea de la condición en que se encontraba aquel que un día fuera Río Cristalino en aquellos días que describimos, nos acercaremos para ver los choques comparativos de las generaciones que del mismo era frecuente que comentaran, en cualquier hogar de los pueblos.

—Por eso es más grande nuestro dolor —se escuchó decir a doña Antonia una anciana centenaria, que refería mientras contaba con lágrimas a sus nietos y biznietos, aquellos tiempo en que solía lavar la ropa en el río.

—Abuela, son los tiempos que han cambiado —se le escuchó responderle a uno de sus biznietos al escucharla evocar con pena aquellos días.

— Sí, han cambiado hijo mío —luego compungida prosiguió— , eso lo sé mí hijo…Eso lo sé, pero creo que no es para tanto.

—¿Cómo que no es para tanto abuela? Con tantas fabricas e industria a la orilla de Río Rojo, ¿cómo no puede ser para tanto —acentuó otro de la prole de los hijos de sus hijos, que por ser   tantos, se le había olvidado su nombre.

—Si, mis hijos… para que tengan una idea, en mí tiempo se decía, que a Río Cristalino, como se llamaba, nuestros aborígenes le llamaban Río de la Vida, y hasta decían que sus aguas sanaban, pero hoy, ustedes pueden ver su realidad.

— Bueno la realidad al presente es que en este instante Río Rojo está tan contaminado que las autoridades no han tenido que emitir aviso para que nadie se bañe en él, porque ni un demente se atrevería hacerlo.

— Abuela, es que en verdad que Río Rojo huele muy mal –dijo uno de los niños más pequeños.

— ¡No! Mal no…Huele a podrido –dijo otro un poco más grande desde un rincón de la habitación donde la abuela se entraba como era habitual con los hijos de sus hijos para contarles aquellas antiguas historias.

— ¡Huele fétido y está mugroso! –se expresó finalmente el mayor de los nietos, el cual estaba entrando a la secundaría.

— Abuela, ¿cómo era en tus días el olor de Río Cristalino, ¿cómo se llamaba en tu tiempo ? –le preguntó una de las niñas que también estaba en aquella reunión familiar.

— ¿El olor de Río Cristalino? –al decir aquello suspiró al recordar, y luego de una pausa como buscando los olores en su recuerdo prosiguió –aquellas aguas expiraban un olor a pino que perfumaba toda la atmósfera… Y a ti pequeño encanto le dijo a su nieta: Ya le dije que primero se le llamó, Río de Vida y luego Cristalino, por eso río ser muy limpio.

–¡ Wao ! Abuela, ahora podemos ver la diferencia –fue la exclamación de uno que casi se atrevió hablar por todos.

Aquella situación que se planteaba en este diálogo figurado entre la abuela y sus biznietos podría servirnos como indicativo para entender la deplorable situación en la que se encontraba en esos días aquel que fuera el orgullo de todos los pueblos, en particular, aquellos que estaban fundados en las riberas de aquel río combatido por el abandono en toda su historia.

Lo más asombroso de todo es que estamos aquí en la tierra, enviando cohetes a la luna y al espacio sideral sin buscarle solución a ese problema de Río Rojo, a pesar de nuestro avance científico, a la hambruna de muchas naciones empobrecidos y de todo un continente como el África, algo que hace llorar a cientos de miles a diario en nuestro planeta.

Pero aún más, pues a esto se suma los cuantiosos daños a la ecología, a la capa de ozono, en definitiva, al medio ambiente, por medio del cual si seguimos como vamos, en este tiempo al presente moriremos ahogado en los propios vómitos de nuestros descuidos.

¡Despierta! Oh, ¡Alma mía en cautiverio!… ¡Despierta! Que me esperan mis hermanos allá afuera, los cuales siguen ciegos por no alumbrarle el sol de justicia que con el impacto de su destello, el cual resucita hasta el espíritu en angustia… ¡Oh, alma mía despierta!

Finalmente estoy esperando después del silencio de esta noche en soledad que venga desde arriba un rayo que traiga la esperanza en sus líneas onduladas de luz, que haga cesar las injusticias de los hombres en contra del mismo hombre.

Que traiga en mis sueños de nuevo al Río de Vida, aunque después llegue a transformarse en Cristalino, pero que impida el descuido de las hojas, las gramas, los copos y los troncos cortados injustamente de los árboles que llenan con sus lavas milenarias volviendo de mugre del verde negro con muestra de descuido.

Que comience desde su cabecera a brotar el agua de la misma fuente con que fue dotado ese maravilloso río que como regalo para todos nos fue legado del cielo, que vuelva hacer brotar sus aguas para calmar la sed de justicia entre nosotros los humanos.

Luego que hice una pausa, se escuchó en mi espíritu un silencio, por eso esperaré con paciencia, mientras que allá en la lontananza de mis anhelos, se observa una espesa nube de color celestial que desciende lentamente a la tierra, trayendo consigo la lluvia de la esperanza que limpiará nuestro río.

Finalmente se escuchan gritos desgarradores en medio del mugriento y apestoso olor de la sangre, el agua empieza a limpiar arrastrando en su furor los escombros.

—¡Wao¡ —se escuchó un fuerte sonido a la distancia, veo el borbotear de la fuente del agua de Vida purificar lo que hemos hecho inmundo, mientras el color rojo de la sangre desaparecía ante su atónito semblante__ Todo de nuevo se vuelve transparente como agua de cristales__ Volvió a escucharse su voz.

Entonces, suspiro, guardo de nuevo silencio, y por la fe quedo soñando, sonriente y feliz. Pero abro mis ojos y lentamente observo, aunque en mi corazón espero silente, la esperanza de mis anhelos se va disipando, mientras sigo como empecé con mi cuerpo inerte allí, bajo aquella espesa lluvia, como señal de preferencia por seguir durmiendo.

CAPÍTULO VII

MIENTRA LA PRENSA INVESTIGA

L as grandes metrópolis son las que producen los imperios, por tanto al partir desde una de ella para sustentar esta crónica no debe sernos extraño, por ser que en esta es donde van a residir los más ilustres entre los genios.

Pero aun así, no faltan en este u otro campo, aquellos que se ocupan de la prensa, la cual ha ampliado sus medios mucho más allá de lo escrito, pues la comunicación al llegar a tope de lo moderno, extendió sus tentáculos con el fin de mantener informado al instante al mundo.

Por esto, no puede faltar colocar unas vías por donde pongamos a caminar a un miembro prominente de la prensa, está vez en el campo investigativo que le represente, ésta vez por mi preferencia personal en particular, escojo a una mujer, la cual será con quien nos guiaremos tomados de sus manos hasta el final, pues ella será nuestra protagonista femenina en esta obra.

Mientras avanzamos, pues el tiempo apremia, por lo que seguiremos desarrollando esta narración en la que se describen los hechos, partiendo de nuestra realidad actual, la cual a lo largo de nuestro camino nos conducirán a la esperanza.

Estas grandes metrópolis, como expresábamos son escenarios donde se amontonan las gentes, diferenciándose por medio de las diversas clases sociales, marcadas por su condición educativa y económica, lo que le hace como capitalinos poseedor del espacio de donde emanan las directrices del poder supremo de toda nación.

Estos núcleos de poder se van agrupando y se aíslan del resto de la sociedad, ubicándose cada quien en un rincón social y en un espacio donde gozan de la aceptación y se protegen unos a otros en una confabulación piramidal que oprime a las grandes mayorías pobres, pero que por estar basada en la injusticia y el engaño es algo que, como veremos, se irá desintegrando a lo largo del camino, pues todos por su propia ambición se encaminar a perecer.

Todo porque como dijera el sabio Salomón: Vanidades de vanidades, todo es vanidad. Por tanto, desde aquí le invito a seguir en este peregrinaje donde todos tienen un mismo sueño, caminan y caminan hasta llegar encontrarse con la esperanza, pues solo desde éste punto se puede concebir el éxodo hacía la única que le queda a los humanos, todo para encaminarse a un lugar que le vuelva al principio.

Siendo además dentro de esas esferas creadas, donde nacen tanto los plebeyos como los ilustres, los educados como los parías, lo que hace que nuestro planeta, en el marco de la formación de nuestras sociedades se haya hecho tan complejo.

Permítanme hacerle una pregunta: ¿Quiénes son los culpables de la desolación en nuestros pueblos, la pasada o la presente generación? Aquella fue una interrogante que puso en una disyuntiva a todos los pueblos donde se escuchó aquella tarde la voz de aquel comunicador. "Por supuesto que las generaciones pasadas", se escuchó a un amigo televidente responder, algo con la cual la mayoría del público no estuvo de acuerdo.

Por supuesto que aquella tarde las llamadas llovieron a aquel famoso programa que era de los pocos que quedaban, pues muchos de ellos, junto a millares de canales, habían decidido por las devastaciones retirarse del aire.

Aun así quedaban muchos valientes que resistían quedándose en sus propiedades, mientras que otros habían decidido tomar distancia alejándose de Río Rojo debido al olor a peste que el mismo expiraba, el cual también se hacía desde el olfato humano y a la vez animal insoportable, prefiriendo abandonarlas, pues ni los más pobres las querían regaladas.

"Creo que todos somos culpables", fue la opinión final del comunicador que hizo la pregunta en el principio de aquel espacio.

Luego argumentó, que como todos tuvieron la oportunidad, cada cual en su época y espacio de mejorar aquella condición, le era cargada no solo la culpa, sino también el castigo a todos, los cuales se habían aprovechado de Río Cristalino, por negarse muchos aceptar otros nombres para aquel que había sido su fuente de vida.

Por otro lado, la comunidad científica que había luchado tanto, que había perdido la esperanza, pues había centrado parte de sus experimentos medicinales en la misma sanguijuela, lo que todavía no terminan.

En sus inicios tomaban las sanguijuelas para que chupara la sangre mala a los que padecían enfermedades, por lo que se hace vital conocer la diversas definiciones de sus estudios. Leamos: (citado definición.org).

Sustantivo femenino:
1: (**Hirudo Medicinalis**) Gusano anélido ectoparásito que se alimenta chupando sangre de personas y animales. Vive en lugares húmedos y se adhiere a su huésped mediante una ventosa anticoagulante, vasodilatador y anestésico, motivos por los que desde la antigüedad se le ha dado uso medicinal.

2: (**Hirudinea**) Por extensión, aunque común de la cerca 600 especies a la clase a la que pertenece la sanguijuela. Son animales hermafroditas que habitan toda clase de ambiente acuático, y que en su mayoría son de hábitos depredadores antes que parásitos. Hipónimos: Liguay, sanguijuela gigante, sanguijuela medicinal.

3: Persona o entidad que se aprovecha de los demás. Uso: Figurado despectivo. Sinónimo: Parásito.

Este último término, por ser más literal que científico, es al que nos referimos a manera de metáfora en este relato de Río Rojo, por lo que desde aquí seguimos camino al increíble y reducido espacio donde cada día nos vamos achicando.

Pero existen otros núcleos que por causa de la ambición nos fallaron en la sociedad, en particular en aquello que respecta al dinero, así como el acaparamiento de los bienes materiales, algo que en su pasión se fue en nosotros los humanos a extremo irrazonables; por lo menos, a esa conclusión llegó la última mujer que quedó en el planeta, de la cual hablaremos en los últimos capítulos, se trata de la periodista investigativa Rosella del Monte.

Pero todavía tenemos que recorrer antes de llegar a relatar su historia, un largo trecho, pues nos falta considerar aquellos que nos fallaron en la tierra, los cuales contribuyeron a la conversión de Río Rojo, los banqueros, los industriales, los comerciantes, los políticos, y asombrosamente después de los demás, muchos religiosos.

Todos estos núcleos pertenecientes a la sociedad, por supuesto compuesto por gente que se suponían ser los más inteligentes, los cuales llegaron a ser parte con su actitud cargada de egoísmo, del deterioro paulatino de las sociedades, pueblos que se formaron alrededor del último nombre que recibiera Río Rojo.

Por ser una especie de fuerte desolado, cada nación, cada pueblo, cada región, cada comarca, todo fue quedando atrás en completa ruina, lo que iba dejando sin esperanza de volver aquellos que se marchaban. Aquel cuadro era desgarrador.

Las caras lánguidas de los habitantes del planeta tierra reflejaba la angustia de la terrible soledad que le embargaba. Todo el panorama, sin dejar espacio, se iba volviendo completa ruina, quedando detrás la espantosa desolación de aquello que un día en principio fue marcado por un floreciente desarrollo y progreso.

Luego aquellos que todavía tenían el valor de mirar atrás, por los caminos polvorientos de regreso al futuro donde se dirigían, tampoco tenían esperanza, pues ellos mismos con su proceder habían dado muerte a la esperanza del porvenir.

Pero todavía quedaban los más osados entre todos, los que se atrevieron a tomar en alas de sus naves la delantera. Ellos lograron como siempre ocupar los mejores asientos en la distancia de aquellos que soñaron solo con el recuerdo del pasado.

—¿Quién lo diría? —se escuchó decir a uno de aquellos que mediante el derroche y el placer, los cuales ni aun viendo el mal llegar retrocedieron, ni aun cuando vieron aproximarse la vejez y con ella la muerte.

—Es que nuestro ímpetu es de seres inmortales —se escuchó decir a otro, al comentar aquella expresión de deferencia de aquel pasado pesaroso, siglos más adelante

—Me gusta aquí en este camino —se le escuchó también a alguien decir, a quien por dignidad también debíamos considerarlo como humano, a pesar de ser pobre.

—No le preguntan —se escuchó a otro que le acompañaba. Luego prosiguió— Haber pregunten, ¿por qué a este hijo de su propia madre le gusta aquí dónde vamos? Pero nadie respondió, señal de que todos sabían de antemano la respuesta, pues allí en aquel pedregoso y además fangoso camino por donde transitaban, todos, sin acepción de personas, vestían de harapos y, lo peor, todos por igual, seguían cabizbajos y descalzos, algo a lo cual se habituó el pobre, por tanto aquel sendero no le era molestia.

Luego para que no volvieran a mirar hacia atrás, cual si fuera una densa cortina, iba a la par con su caminata cubriendo sus espaldas. Fue así como la indecisión de las dudas se disipó, pues no existía otro trayecto por donde regresar.

Mucho más adelante, algunos ofrecieron, en vez de aquel río, sus arroyos, pero volvieron a contaminarlo los que de la confusión llegaron allí asentarse con los pocos de los suyos que quedaron. No había entonces dudas, el problema era nuestro, el mal en definitiva estaba en nosotros.

Por eso cantaba un peregrino de aquellos que iban de retorno, corriendo por encima de los más atroz de los escombros que habían quedado, quien por ser bohemio, con su vieja y destartalada guitarra, con cuerdas roídas, que sonaban destempladas por uso y además el tiempo, para consolar a los presentes viajeros con una canción que repetía, evocando un recuerdo de un amor que no encontraba la senda de volver.

Por eso, aquella noche fue la única que le dio la oportunidad de volver a Río Cristalino, por lo menos en sus pensamientos, pues allí con lágrimas en los ojos evocaron a un recuerdo de gloria humana y placer.

Pero luego, los que pasaron por desobediente por la senda de la amargura, les volvieron a recordar, como predicaciones sacadas de la experiencia que da la improvisación, quienes amonestaron a los presentes a no olvidar el camino de Dios.

La leyenda dice que a pesar de ir camino a la desolación, muchos en aquella estación, donde el tiempo se detuvo formándole un espacio, se salvaron porque el Creador tuvo gran misericordia con ellos. Estos hechos quedaron en las crónicas escritas como memorias en los vientos.

Por eso, desde aquí tenemos que avanzar, pues en este relato, más delante de nosotros se fueron Don Pancho y su compadre Manuel, quienes como premonición lograron anticiparse a los acontecimientos cuando todavía todo parecía arreglarse.

Por supuesto, que fue Don Pancho que convenció a su compadre Manuel a comprar un terreno, que estuviera lo más cercano posible al paraíso, siendo así como con mentalidad futurista llegaron aquel lugar de ensueño con toda la inmensidad de archivos que este en su vida como secretario había acumulado.

Pero necesitamos dejar de lado a Don Pancho y su compadre Manuel, para poder ocuparnos de la situación de una mujer encantadora de la cual le había hablado.

Su nombre es Rosella del Monte, de profesión periodista en el área de investigación como le había expresado pero que en este instante adrede se lo recuerdo.

Todo alrededor de Río Cristalino para aquellos tiempos, aunque al presente solo quedara en el recuerdo de generaciones del pasado, era solo puesto en el marco de lo añorado, porque llegó a escribir más adelante la famosa periodista investigativa Rosella del Monte lo siguiente: "Señores de la presente generación, solo nos reta conformarnos con aquel pasado al evocarlo, porque como dice el dicho: El tiempo que se va, no vuelve". Fin de la cita.

Por el avance de los humanos en la ciencia, fueron los gobiernos los primeros en tomar la preocupación de los pueblos que representaban, pagando de sus presupuestos para que se hicieran investigaciones, que solo quedaron archivadas en los montones de papeles productos de los múltiples informes.

Pero todo estaba en conexión, pues la misma prensa que debía denunciar aquellos males, también, con muy pocas excepciones, decidió por amenazas y prebendas, cerrar su boca.

— ¡Esto es inaudito! —se escuchaban voces aisladas de varias cabezas calientes en sus protestas.

— ¿Qué hacemos Señor, silenciamos esas voces que se levantan en el pueblo? —se escucha susurrar unos que otros adulones, matones a sueldo tras las espaldas de los mandatarios.

—¡No! —se escuchó responder a los más juiciosos y democráticos, mientras algunos más esbirros procedían a poner a esos disidentes en sus lista de crímenes de Estado.

—Mientras otros más tolerantes decían: —"Las voces de los que protestan se disipan en los aires en medio, cual si fuera oxígeno en medio de los pueblos cuando se le concede el privilegio de la libre opinión". Luego todos en las naciones guardaron silencio, pues llegó un momento que se cansaron de hacer denuncias.

Por ser esta una cruda realidad de nuestras naciones al presente, seguimos caminando por ambas riberas de Río Cristalino, por ser desde un recorrido de sus cuencas de donde llegaremos al fondo donde oculta, cual traicioneras que se esconden debajo del fango, las sanguijuelas, que abran de servirnos en la realización de esta narrativa.

Desde allí la Colina de Don Goyo, como solían llamarles todos los parroquianos, era el punto desde donde podía llegar a divisarse con todo su esplendor el espectáculo de la naturaleza más impresionante de toda aquella región, por eso solían los padres llevar su nombre hasta aquel elevado, por ser desde allí de donde se podía apreciar mejor la realidad del estado de Río Cristalino.

Allí llegó Rosella del Monte. Permítanme, aunque tardío, presentársela. Se trata de una hermosa mujer de cuerpo escultural, pelo castaño, con ojos de palomas, en un color más asentado que el marrón profuso de su cabello, periodista investigativa de profesión como les había dicho.

Una vez su padre quería que fuera doctora en medicina, pero ella con aire de mujer imponente se negaba, por considerar delante de su progenitor sentirse una esclava del dolor ajeno, algo que ella no anhelaba.

Luego su tío que fue un militar de carrera, intentó solo sugerirle que se alistara en la fuerza militar de su país, algo que ella se negó por no sentir que su carácter podía someterse a recibir órdenes sin derecho a la réplica, ni espacio a su opinión.

Por último, después de mucho pensarlo decidió dedicarse al periodismo, en el área de la investigación, todo porque después de analizar esta profesión antes de abrazarla, se dio cuenta que en ese espacio todos les respetarían, algo que consiguió al llegar a trabajar en los medios más prestigiosos de su país de origen.

Una vez estuvo casada, pero un día quien fue su esposo intentó golpearla, y ese fue su día para recordar para siempre como ella solía decir: ¡Qué una mujer tenía que darse a respetar¡ Desde entonces decidió seguir soltera, todo para evitar una desgracia.

Luego siendo desde esa posición social, profesional y familiar, es de donde ella parte en el peregrinaje, para ir también en busca del lugar llamado el Paraíso, donde la leyenda decía que había más probabilidad de salvarse.

Como ella se había adelantado a la multitud, llegó a pasar muchos de aquellos tortuosos caminos por los que venían diversas multitudes, por aquellos senderos desolados que hemos estado describiendo, salida que en principio le valió la burla de amigos, compañeros de trabajo y familiares, algo a lo cuales ella se hizo sorda con el fin de escapar.

Fue desde aquella la misma colina, como lo habían hecho Don Pancho y su compadre Manuel, de donde tuvieron que descender a pesar de considerarse adultos, de donde también Rosella unos años después, tuvo que deslizare cual niña traviesa.

Por eso, como ella misma narra, camino y camino, hasta llegar a encontrar primero que aquellos que nunca llegaron, aquellos dos solitarios hombres que habían quedado en el planeta tierra, luego que la noche cubrió el espacio con su manto gris, de los cuales muchos en el camino les habían dicho que fueron los primeros en partir hacia aquel masivo éxodo.

Por su jovial carácter, aquel viaje también para ella era como divertida aventura, pues más adelante se le escuchó decir al recordar aquel viaje, mientras sacudía como mujer su larga cabellera, y pasaba sus manos por su cutis lleno de sudor y del sucio del polvoriento camino, en momento cuando observó que llegaba al final de la senda:

¡Soy feliz, al saber que llego hasta aquí representando también a la mujer!

CAPÍTULO VIII

PANCHO, ¡PREPÁRATE PARA LO PEOR!

La búsqueda de las soluciones por aquel grave problema de Río Rojo, no era para que se recargara la culpa sobre los hombros de un solo hombre, dado que el mal lo habían provocado todos.

Por eso, tratando de buscarle una solución aquel grave problema, de nuevo por la responsabilidad de cuidar el medio ambiente de una nación y del mundo asunto de los gobernantes, se organizó una cumbre nacional con todos los gobernadores con el fin de corregir el mal que aquejaba a Río Rojo en aquel estado postrero.

Mientras Don Pancho, se apresuraba por ser desde la esfera llamada de los ignorantes que quedaban en el desalentado pueblo, a no se quedarse observando tantos males cruzados de brazos, pues sabía que el futuro no se labra como la tierra con la impunidad pasiva de lo inerte, por eso decidió asistir.

Pero allí, en la puerta del palacio de gobierno cuando la multitud del pueblo le vio llegar, al conocer el valor de su postura en relación al tema, como impulsada por un espíritu, la multitud frenética comenzó a clamar a vida voz… ¡Que viva Pancho el defensor del Pueblo de Florencia !

En realidad para Pancho aquello era inesperado, es más ni el mismo para su sorpresa sabía después de tanto tiempo que el pueblo de Florencia le guardaba tanto afecto, por eso al entrar al palacio, escoltado por varias autoridades policiales, solo se limitó a levantar sus dos brazos hacia arriba, mientras la prensa que cubría aquel evento no cesaba de tomar videos con sus cámaras y tirarles fotos, algo que también recibió solo sonriendo.

Aquella reunión fue un desastre al terminar en un terrible desorden, pues el presidente de la cámara de senadores se opuso, al señalar que el país no tenía dinero en el presupuesto para pagar la limpiar a Río Rojo, lo que hizo que todo terminara desde un comienzo en un caos.

Por supuesto que un poco antes entre aquellos que pudieron dar sus opiniones estaba Pancho, una opinión favorable a la que sostenía el pueblo, junto a los desposeídos, algo que al final no se aceptó cuando el presidente dijo:

— Mi opinión está dirigida a ustedes en la misma dirección de en que los gobernadores de las provincias de Florencia han acordado al dirigirse a ustedes: ¡No estoy de acuerdo por carecer de dinero para ese presupuesto ! — dijo para con ello unirse al coro de los prepotentes, siendo allí cuando aquel cónclave terminó.

Luego al final, el pueblo solo se quedó con sus comentarios lleno de impotencia, siendo que ellos no era asunto de dinero lo que querían, aunque estaban consciente que era necesario, sino más que eso, reglas y medidas drásticas que les impusieran un orden para detener aquel deterioro.

Pero de nuevo el tiempo se detuvo, junto a la esperanza de cambio en Río Rojo, por eso cada cual aquel día partió de nuevo a sus respectivas casas desilusionados.

Por eso a la mañana del siguiente día, ni su confortable hamaca pudo retener el cuerpo de Pancho, pues su espíritu indomable no le permitió dormir aquella noche anterior, pues aquello era mucho más fuerte que el pesar que por causa del malestar empezaba a manifestarse allá afuera en Río Cristalino, por eso volvió a los cúrreles gubernamentales donde todavía le guardaban respeto tratando de cabildear una decisión favorable, pero se dio cuenta al final era como dar puños encima del duro acero.

Aunque aquellos sentimientos de él no eran producto de una falsa ilusión, pues él mismo había renunciado a todo, esperando el cumplimiento de las profecías de sus ancestros, por eso también comenzó a preparar a su nieto al cual le repasaba lo que le habían enseñado a través del estudio de la Biblia y otras literaturas de la antigüedad.

Era que Don Pancho también tenía un olfato de sabueso, pues todo el mal que se avecinaba lo percibió la tarde anterior, cuando recorría la ribera mientras caminaba por los montes a la orilla de Río Cristalino, siendo por eso que se despertó aquella madrugada con más presagios que con aquellos que se había acostado como de costumbre.

— ¡Vamos Jeremías, muchacho dormilón! ¡Vamos que el mundo se acaba muchacho y los humanos no tenemos tiempo para dormir! —se escuchó con un fuerte acento la voz de su abuelo Don Pancho, como le era habitual a la hora de despertar a su nieto, esta vez en momento que retornada de los sembrados al despertarse un poco antes del "Astro Rey".

Pero esta vez el abuelo se quedó solo llamando a su nieto Jeremía, llegando hasta su misma habitación creyendo que con seguridad como era habitual le encontraría que allí, pero al no obtener respuesta de su parte comenzó a buscar muy extrañado.

— ¿Qué pasa?... ¿Qué está pasando abuelo para que tengas que llamarme tan sobresaltado? —le inquirió todavía caminando Jeremías quien regresaba desde los terrenos de hortalizas a donde había salido muy temprano a trabajar.

— Que, ¿qué pasa muchacho? En verdad no puedes ver las cosas que están sucediendo por estar en esta hora en casa. ¡Anda vamos! Salgamos afuera al campo, llegó la hora que esperábamos necesitamos llegar para observar como marcha Río Verde, pues esta mañana lo rojo del río comenzó a verse mucho más acentuado, algo que necesitamos comprobar para medir las profecías.

– ¿Pero abuelo? Te confieso que de nuevo estoy sorprendido con esa increíble noticia, pero eso lo que nos dice que el tiempo que esperábamos ha llegado. —Jeremías estaba en lo cierto, pues no exageraba, él conocía muy bien al abuelo por estar a su lado desde muy pequeño.

Por supuesto que aquellos cambios en Río Cristalino, no se suscitaron de la noche a la mañana, sino que a medida que los hombres dejaron incrementar el gusano de la ambición en sus corazones, en esa misma proporción fueron en aumento los males en aquel "Río de la Vida", como solían llamarles los aborígenes que por primera vez residieron en los tiempos en que el lugar era virgen.

Pero en aquel presente, era inevitable el daño que se le estaba haciendo a la naturaleza, en particular el que se le hacía a Río Cristalino el cual era irreversible, por eso la primera que aprovechó sus verdes lavas, y luego la sangre que comenzó a sustituir sus aguas cristalina, fueron las sanguijuelas, pues allí se sentían en su habitad natural.

Aquella especie de madre llamada Sanguijuela, no era mala en sí, ella tenía en su intención primaria cuando fue creada alimentarse de las algas verdes de aquel río que por tradición no solo les había sustentado a ella, sino por muchas generaciones a sus antepasados, pero en aquellos días lo tuvieron que alimentarse con sangre, pues estas se le escaseaba la vegetación, tiempo en que se les cambió su manera de alimentarse.

En principio, cuando apenas se podían divisar en las aguas, eran solos unos hilitos de color verde, los cuales eran una especie de manchas aisladas en lo hermoso de las aguas cristalina, para aquellos días todavía se podían encontrar las mujeres lavando las ropas de sus familias, pero aquellos eran otros tiempos.

Eran días, cuando se solía ver a los ancianos salir a los parques de ambas riberas de Río Cristalino, a quienes se les escuchaba contar las grandes bondades de ese regalo de Dios donde ellos se bañaban y tenían grandes recuerdos de sus travesuras juveniles.

Días en que los pueblos tenían rondallas, las cuales daban conciertos en los parques abundantes en ambas riberas de Río Cristalino, voces que al unísono se hacían acompaña de las melodías guitarras que eran capaces de sustituir en los atardeceres las melodiosas voces de las aves, que con el ocaso del sol dejaban de trinar para irse a descansar, aprovechando la oscuridad que como complicidad que les brindaban las noches.

—Es increíble abuelo, como yo en particular, que nací en la cabecera de este Río, he visto al paso de los años como este se va cada día transformando, esto le decía Jeremías mientras caminaban.

—Sí, mi hijo, aunque lo más notable en todo esto, es preguntarse: ¿Por qué Río Cristalino ha ido cambiando, así como lo están haciendo la gente que componen los pueblos con sus costumbres ?

Por supuesto, que todo aquello lo decía, también al observar como desde aquella parte donde el Río Cristalino se iniciaba en su recorrido por valles, vados, pueblos y ciudades, en momento que comenzó a cambiar de color, de aquel verde zapeado a aquel rojo parecido al de la sangre.

—Señores, estos son los fines del mundo —se le escuchaba decir a muchos que se iban alejando de ambas riberas del Río, que ya para esos tiempos se había teñido de rojo.

—¡Ese es un castigo de Dios por la ambición de nosotros los hombres ! —se escuchaba decir a otros de aquellos que como valientes se negaban abandonar aquellos lugares de residencias donde habían vivido de generación en generación sus ancestros.

En principio solo se iba reflejando a la medida que los hombres incursionaban más profundo en su fondo unos mechones de rayos rojos que se iban entremezclando con las pocas agua de color cristal que se observan, los cuales chocaban con las larvas verdes que iban ganando terreno en su descenso, de donde pasaban a llenarlo todo al irse transformando en gusanos.

Un poco antes de que los parroquianos que habitan las dos riberas del que para aquellos días era llamado Río Verde, se levantaran para irse a sus labores, se suscitó un episodio que daría un vuelco en la conducta relativa a la fe de muchas de las gentes de aquellos pueblos.

Fue unos años antes del episodio que se suscitaría aquel día, que Don Pancho comenzó a preparar a su nieto Jeremías con quien leía cada noche las palabras tanto de las profecías bíblicas, como de las crónicas de los libros de los ancestros del pueblo de Florencia, quienes habían escrito sobre lo que vendría.

— Recuerdas que tiene hoy que terminar la otra parte de la vereda que te quedó por concluir ayer en la tarde… –le dijo el abuelo al acordarse lo olvidadizo que era Jeremías su nieto más por la edad de adolescente que por la inteligencia que mostraba al desarrollarse.

–Te prometo que hoy terminaremos abuelo… Solo déjame eso de mi parte y verás como todo quedará, no solo limpio, sino además sembrado, pero— prosiguió diciendo después de una pausa— Tengo que ir al centro del pueblo, pues me siento inspirado hoy advertirle al pueblo sobre el cumplimiento de las profecías, y el camino que lleva Río Rojo para que se cumplan.

–¡Que Dios te oiga hijo!… ¡ que Dios te oiga! Pero cuídate de la gente, por experiencia te digo que a los humanos no les gustas que le hablen ni de Dios, ni las cosas que están sucediendo al cumplirse… –se le escuchó repetir con su voz apagada pero firme.

Fue así como Jeremías se vistió de prisa para salir como un disparo al impacto de la voz de su abuelo. Cuando aquel joven que vivía en la cabecera donde nacía Río Cristalino puso su vista a la escena que tenía por delante, su asombro era tal que no daba crédito a lo que observaban sus ojos.

Era muy temprano, cuando Jeremías salía hacer sus labores en los bosques aledaños que bordeaban en esa parte al todavía llamado para aquellos días Río Cristalino.

–¿Qué ven mis ojos ? – fue la expresión de Jeremías, un mozo de apenas 17 años, al observar como ahora si se podía apreciar el siguiente cambio de Río Cristalino de verde a rojo color de la sangre.

Muy pocos en verdad sabían de sus luchas, ni siquiera sus más cercanos en la familia, pues había sido criado con un padre ateo, quien se mofaba de los que "seguían a un dios para él que no se veía". Se trataba de un antiguo líder de los mineros que habían muerto en su empeño de ver las cosas cambiar por medio de una lucha que no vio terminar, al ser sorprendido por la muerte.

Esos conflictos internos en Jeremías provenían, porque tanto su madre como su abuelo eran gente de fe, lo que hacía un contraste desde pequeño cuando entre su padre y su abuelo se originaban una especie de debates que nunca terminaban.

Este último aunque había sido por mucho tiempo un funcionario público como hemos descrito, en un periodo de su vida había sido predicador por lo que le enseñaba en particular por las noches muchas de esas profecías, quien al final terminó de criarle junto a su madre con una base de fe, algo que Jeremías llevaba dentro de su corazón, con la esperanza de un día predicarlo.

Así que, hasta esos días cuando recién cumplía aquella edad, mantenía un conflicto interno de creencias encontradas, que ni él mismo podía entender, aunque era solo por la decisión, pues era más creyente que pagano.

Todo, hasta aquella mañana cuando terminó de convencerse, al observar los rayitos de sangre que empezaban a descender por las aguas cristalinas del río, como le había profetizado su abuelo, comenzó a vociferar por todo el pueblo de Florencio.

—¡Un milagro!… ¡Milagro!… ¡Río Verde amaneció esta mañana teñido de rojo! —se escuchó su voz muy temprano en aquel amanecer cuando rayaba el alba.

— ¡Milagro, levántense todos que en río verde ha acontecido un milagro! —Así se fueron uniendo voces a ambos lados de sus riberas, que estaban habitadas.

Luego todo aquel hallazgo se regó como un barril de pólvora, pues por toda la ribera de aquel famoso río que les diera a vida a todos los pueblos de su litoral, que ahora después de pasar de cristalino al verde, pero que en aquel instante, comenzaba a cambiar su nombre por el de Río Rojo.

En verdad todo aquello parecía una horrible pesadilla, tanto que aun estando despiertos los habitantes de aquellos pueblos, no solo quedaban estupefactos, sino que decidían obviar el porqué de aquello que podía generar su sorpresa y en vez de pensar tomar lo primero que encontraran para salir lo más rápido posible de aquellos espacios que ocupaban las riberas de Río Rojo.

—¡Todo esto es asombroso!... —se escuchó decir muy temprano en aquella mañana de aquel día memorable en el pueblo de Vieja Esperanza también, el cual junto a los demás pueblos por donde descendía la sangre le dejaba estupefactos.

— ¡Son los fines del mundo!... —se escuchó decir, como repitiendo a coro la voz de algunos parroquianos.

Era que aquel lugar de Vieja Esperanza, como los demás pueblos de la ribera del Río Verde que soñaban con volver a los días de su prosperidad, caían en la desesperación y el pesimismo cuando su río, al que consideraban su fuente de vida, lo veían en aquel instante retroceder dando marcha súbita a su destrucción final.

Por eso, aun viviendo aquella realidad, en sus rostros no se observó aquella mañana ni siquiera una mueca de asombro, por ser algo que todos esperaban, ellos habían sido marcados tan paulatinamente, que al llegar aquel extremo comprobaron que habían perdido la capacidad expectante del asombro.

Entonces de súbito se escuchó tronar la voz del profeta del pueblo, como solieran llamarle en aquellos días a Jeremías, quien levantando su voz, impulsado por lo divino les decía:

—¡Se lo dije!… ¡Dios nos iba a castigar por tanta ambición!… —Tronó aquella voz por encima de la multitud de Jeremías, cuyo nombre, en honor al profeta de Israel, le había puesto aquel pueblo para aquellos días en que había dejado para cumplir con Dios la abuelo.

—¿No es este Jeremías el hijo de María la verdulera?… —se escuchó inquirir a uno de los parroquianos.

—¿No estuvo aquí José el Fontanero entre nosotros antes de morir?… ¿No están también con nosotros, sus hermanos, y hermanas?… Preguntaba con malicia otro que se confundía entre la multitud que se congregaba.

— Sí, tiene razón, mi padre y mi Madre han vivido entre vosotros, mi abuelo Pancho también, pero mi Padre y Creador, me ha enviado a darte éste mensaje de advertencia desde los cielos… —dijo Jeremías con voz firme.

—¡Cállate, pájaro de mal agüero! … ¿No ves que cada vez que habla nos vienen más males?… —se escuchó la voz de un escéptico que le contrarrestaba.

—¡No!… no voy a callarme… —decía Jeremías—. Vengo en nombre de Dios a advertirles del mal que ustedes por su proceder se han buscado.

—¡Que te calle!… —volvió a escucharse otra voz todavía más potente.

—¡Es digno de muerte!… ¡Matémosle que se ha hecho entre nosotros digno de muerte!

— ¿Qué sucede? —se escuchó la voz por detrás de la multitud enaltecida a la cual Jeremías convencido al igual que el profeta que llevaba su nombre con el mensaje que luego de tanto leer había creído, luego dijo—: ¡Váyanse a su casa y dejen a ese muchacho en paz!

De súbito, cada cual como si fuera un arte de los demonios en los presente, empezaron a arrojar las piedras que tenían en sus manos al suelo en señal de obediencia a la voz del alcaide.

Pero un pequeño grupo entre la multitud se había quedado rezagado mientras todos los demás se marchaban a sus hogares, pues su macabra intención era no seguir escuchando más el mensaje de Jeremías.

—¡Jeremías! —dijo uno de ellos, que por su osadía se observaba como cabecilla— Dinos otra vez el mensaje, ¿pues de nuestra parte no entendimos los que quisiste decir?

—Lo puede repetir, por favor —le dijo otro fingiéndose de inocente, por lo cual el joven Jeremías respondió:

—Todo el mal de Río Cristalino es de nuestros padres y hasta de nosotros, que aun sabiendo las profecías sobre los males que le vendría por nuestro proceder con estas aguas, seguimos sin medir estas terribles consecuencias.

—No Jeremías, lo que queremos que nos repita es aquello que dijiste, de que este era un castigo de Dios —esto expresó con una ligera picardía en el acento de su voz.

—¡Miren! —dijo Jeremías para llamar su atención—. El libro de los Proverbios del sabio Salomón, dice que la sanguijuela tiene dos hijas, una se llamada Dame y es curioso que la otra también se llama Dame.

—¿Y? —inquirió otro, con el fin de atraparle más de prisa en sus palabras.

—Que todos los males de Río Cristalino, que hace mucho tiempo fuera Río Verde, pero que ahora es rojo como la sangre, es un castigo de Dios por la ambición de todos los pueblos en sus riberas.

—Entonces, ¿lo qué quieres tu decir con eso es que nosotros somos culpables? ——luego de una breve pausa prosiguió—. ¡Repítenos eso!

—En realidad todos somos culpables, también nuestros ancestros —esto dijo Jeremías muy convencido.

—¡Es digno de muerte! —gritó uno del grupo, al cual los demás le siguieron a coro.

—¡Si, es digno de muerte! —en eso tomaron de nuevo las piedras y lanzándola sobre él con fuerza, comenzaron a herirle, mientras Jeremías decía ensangrentado—: ¡Dios mío, abre los ojos a esta gente de nuestros pueblos para que no mueran en la obstinación de sus pecados! —luego con una semblanza que reflejaba una sublime paz, expiró.

Después de un sepulcral silencio, muchos se propusieron correr, mientras otros se cruzaron de brazos, mientras cada cual volviéndose a su faena, como queriendo con esa actitud decir: ¡Que siga el entierro! Mientras que allá, en la semioscuridad de su hogar, Don Pancho de nuevo se quedaba con el luto y su dolor, teniendo muy pocos amigos que fueran a consolarle.

CAPÍTULO IX

ALLÍ, SOLO QUEDA UN REMANENTE

Por respeto primero a Dios, si es que al presente merecemos pronunciar ese sacrosanto Nombre, al colocarnos en aquel tiempo y espacio, producto deductivo en la imaginación humana, tenemos que admitir que todos los seres humanos se han dividido en crédulos e incrédulos.

Algunos de estos últimos son de la opinión que Él, refiriéndose a Dios, no se lo merece, pues se había negado a asistirlos en sus necesidades, mientras que el otro remanente, se había mantenido firme, sosteniéndose en lo único que desde arriba se le pedía, lo cual interpretaron simplemente como fe.

Estos últimos, aferrados a no morir por la promesa del Padre Creador, decían que era aquella palabra, posiblemente la más pequeña en casi todos los idiomas, la que habían recibido como herencia, y que para ellos tenía un significado de "tabla salvadora".

Mientras que del otro lado, los incrédulos habían tomado el camino de los renegados, y en su trayectoria como caminantes se dedican a la algarabía, la francachela, los que en ocasiones llegaban a tomar un lenguaje de maldición en sus labios; mientras sus opositores como ellos les llamaban, miraban siempre hacia arriba, donde aunque fuera poco, recibían de su Creador el sustento de forma milagrosa.

Todas aquellas maravillas que a cada instante de manera misteriosa le sostenía, era lo que les mantenía aferrados, partiendo del presente con tan solo aquella la palabra fe, la cual era como una luz en su manifestación, que le guiaba a través del túnel de tinieblas e incertidumbres por el cual ambos grupos pasaban.

Fueron muchos los milagros, que en medio de todo el conglomerado en general ellos vieron, pues los incrédulos se vieron azotados por las plagas, enfermedades, así como por diversas calamidades, lo que le guiaba al desconcierto, mientras que los crédulos estaban llenos de gozo y esperanza.

Un ejemplo de esto último, fue notorio a la vista de Florencio, ésta pequeña comarca que hemos tomado como modelo, donde estaban un día reunidos los crédulos, ellos estaban allí por una sola razón, hacía mucho tiempo, que no comían carne.

Pero estos en vez de lamentarse, después de buscar por varios días sin encontrar, se dispusieron a llevarle la necesidad al Supremo como ellos solían llamarle a Dios.

Fue a raíz de ver su impotencia aquí abajo que ellos acudieron arriba, al "Trono llamado de la Gracia", y para lograrlo, se reunieron para hacerle la petición directamente a Él, por lo que para ello se dispusieron a sacar su arma más efectiva, la fe.

En aquel momento, buscando en el libro del consejo divino, encontraron escrito: "Entonces invocaron a Jehová en su angustia, en medio de su necesidad, y él lo sacó del fango que le guiaba a la desesperación y le suplió en abundancia".

Fue en medio de sus ruegos, cuando se originó el milagro, por medio del cual todos los habitantes de Florencio quedaron marcados para siempre, algo que también fue registrado al venirlo contando de generación en generación en "Las Crónicas de Don Pancho".

—¡Carne! !Carne! ¡Carne! —se escuchaba una fuerte voz que se abría paso por medio de los fuertes viento que azotaban allá afuera en aquel desolado ambiente a la distancia.

—¿Escuchan lo mismo que yo? — dijo el líder que los conducía en aquella reunión con sus ojos salidos de orbita por lo que había escuchado.

—Si pastor, se escucha una voz muy distante a nosotros, y se oye claro que dice: ¡Carne! !Carne! ¡ Carne! —luego guardó silencio.

—¡Vamos, mi gente, vamos a encontrarnos rápido con el anunciante!

Por lo impactante de aquella noticia, debido a la hambruna en la región y la crisis en todo el Globo, salieron todos de aquel lugar donde estaban congregados en dirección al sonido de donde se emitía aquella voz, lanzados como una bala disparada por un cañón.

Por causa de la hambruna, la cual ya les hacía algunos delirar, todos los presentes, que incluidos a los niños, jóvenes, adultos y ancianos, junto a su pastor y líder espiritual, corrían a toda prisa tratando de llegar primero para comprobar lo anunciado.

—¡Miren allá! ¡Miren allá! —dijo muy emocionado a quien el pueblo conocía como el " Vago Nacho ", mote que se había ganado por vivir solo merodeando, sin nunca dar un golpe.

— ¡Si miren! — se escuchó decir a Juanjo el Barbero, el único recortador de pelo que quedaba en la diezmada comarca del viejo Florencio, declarado así de nombre, por no ofrecer más a su vista que lo antaño.

—¡Es un milagro! ¡Es un milagro! ¡Gracias Dios por este milagro! —se escuchó a Beto el " Pastor del Pueblo " como le llamaban, por ser el único ministro que se quedó en el pueblo del viejo Florencio, antes de este negarse a morir a destiempo.

—¡Gloria a Dios! ¡Aleluya! —se escuchaban las voces del pueblo en celebración, lo que ocasionó una algarabía tan estruendosa que recorrió la pradera hacia atrás para llegar al oído del reto del pueblo del viejo Florencio.

—Oye esos bullosos de los aleluyas, ¿Qué estarán celebrando? —se escuchó el comentario, allá en el seno de la sociedad, algo que era imposible de evitar, debido a la libertad de expresión, único privilegio que les habían dejado a los humanos en todo el Globo.

—Cómo siempre a esa gente, no la calla ni siquiera esta difícil situación por la que atravesamos en todos los pueblos —se escuchó otro de los comentarios dispersos de la multitud que absorta escuchaba a la distancia.

Pero aquello no quedó allí, pues algunos asistentes de Don Rufino, el viejo alcaide, se acercaron a él para confirmar los rumores, y al mismo tiempo recibir una explicación, ya que en el pueblo se estaba comentando con insistencia que los considerados creyentes se estaban sublevando.

—¡Señor Alcaide! ¡Señor Alcaide! —les fueron a contar de prisa, a quien consideraban la máxima autoridad—, el pastor Beto y su gente se han sublevado en las montañas, del otro lado del bosque de los Pinos.

—Ja, ja, ja, ja, ja,ja, ja — Se estremeció con su risa Don Rufino, el alcaide de Florencio.

—¿Qué le pasa señor Alcaide ?... ¿Es que acaso no lo crees? —dijeron los alarmados voceros, al no entender el porqué de la risa de Don Rufino.

—¡No, que va!— Es que de quien me río es de ustedes ¡Déjense de atender a rumores! —dijo aquel viejo zorro de la política, y luego prosiguió—: ¡Eso jamás ustedes lo verán en gentes que sigue verdaderamente al Nazareno, mucho menos del pastor Beto!

Pero de regreso al campo donde habían ido los llamados crédulos, encontraron de manera milagrosa, en medio de una especie de pequeño cañón, donde quedaron encerrados de manera natural en un corral, unos 58 animales.

El encierro de animales incluía desde aves domésticas, hasta chivos, ovejas, y vacas, los cuales estaban cercados por medio de marañas, algo que se observaba como un milagro, lo que hizo que todos los presentes corrieran de prisa hasta allí, encontrando a estos animales tranquilos.

Lo más extraño de esto es que aquellos animales estaban tan robustos y lozanos que parecía como si la crisis que afectaba a todo el Globo no le hubiese tocado. Esto provocó que los visitantes fueran acercándose al corral con el fin de conocer la razón.

—¡Miren, observen esto! —dijo "Vago Nacho", quien fue el primero en salir con el fin de acercarse para ver más de cerca aquellos animales.

—¡Bendito sea Dios! En verdad es un gran milagro —dijo doña Petra, al ver aquello debajo de sus pies, pues cual si estuviesen en un campo minado, estaban bajo toda una finca sembrada de toda clase de tubérculos, lo que incluía yuca, patata, papa, entre otros.

—¡Es un gran milagro! —decían, mientras con una estruendosa algarabía llegaban entre vítores, alabanzas y aplausos hasta el oído del mismo pueblo, de ahí la alarma de todos allá en Florencio.

Pero dejemos este escenario en ese espacio de tiempo, distancia y de logística, todo para que podamos pasar a la cumbre, la cual se llegó a organizar entre los pocos pueblos en existencia. Esta fue organizada porque a pesar de que ninguno de los gobiernos que componían las comarcas y pueblos que existían formaron una especie de alianza en su defensa y protección, con el fin de unidos enfrentar el mal que le había tomado.

Era que la crisis se había profundizado tanto, que no ninguno de los pueblos de manera individual podían hacer nada, pues era tan deprimente la situación, que aun ni de los ladrones y saqueadores había que preocuparse por ellos, pues no había muchos bienes en existencia para robar.

Tampoco había que preocuparse por el medio ambiente, pues debido al calentamiento global, para aquellos días finales de la historia de los humanos, estos con sus diversos contaminantes, habían perforado toda la capa de ozono, dejando sin techo de protección los cielos, lo que hizo toda la población mundial se diezmara, por esta causa.

Un hecho al que para ese tiempo tampoco se les prestaba atención, era a las noticias que llegaban dando a conocer, lo que hacía solo un milenio atrás, pues aquello tampoco era una preocupación acerca del derretimiento de los glaciares, dado que estos dejaron para aquel entonces de existir.

Cuando recordamos, que cuando había tiempo para remediar aquel desastre en el sistema ecológico, los gobiernos por estar solo de turno, pero más sin buscar soluciones con nuevos modelos de gobernabilidad, lo que hizo que los presidentes y autoridades electas, solo pusieran parches para remediar situaciones.

Mucho decían sobre esto, que la desobediencia a los consejos del Maestro Divino que vino a la tierra, fue causa de aquel descuido, pues él había dicho, que no se podía poner remiendo de tela nueva en vestido viejo, porque esta tela al ser más fuerte hala, y rompe inmediatamente la que está de fondo por ser más débil.

Luego al sucederse por el tiempo que eran electo, les ocasionó a ellos otros de los males que contribuyó a sus faltas de avance, y posterior caída, que fue que al irse sucediendo en los gobiernos, al ser electos casi todos cada cuatro años, había que sobrecargar las nóminas de trabajadores del Estado, lo que hizo los desembolsos más alto que las entradas al Estado por recaudación de impuesto y otras contribuciones.

Siendo también más perjudicar para las comarcas y los pueblos, la corrupción de los funcionarios, pues hicieron de los departamentos que componía cada Estado en su organización, un espacio donde los mecanismos de robos, mediante la sobrevaluación de obras, así como en los manejos de los presupuestos, donde se llegaba a ocultar los más perversos de los despilfarros.

En la etapa postrera, donde el Globo enfermo estaba tendido en la cama de cuidado extensivo, solo quedaba que los pocos gobernantes que se interesaron por estar en aquel conclave, que ya no ofrecía como podemos ver ningún atractivo, reduciéndose a una reunión más como aquellas que se hacía en los vecindarios.

Esta situación era vista con mucha tristeza por los pocos habitantes que quedaban en toda la tierra, los cuales para no morirse, fueron clausurando las naciones y se congregaron a orillas de Río Rojo por considerar que era mejor para la supervivencia.

—¡Señores! —dijo el alcaide del viejo pueblo de Florencio a quien le dieron el honor de abrir la sección, algo que hizo para llamar la atención del pequeño grupo de dignatarios que se habían reunidos para analizar la situación de deterioro de todos los pueblos que componían el reducido globo.

—¡Camaradas!— Antes de que comencemos, sería importante que observemos que esta reunión no es oficial, pues aquí solo tenemos en éste conclave, como una octava parte del quórum.

—Pero eso que importa? —inquirió un alcaide de una comarca que había sido muy grande y próspera en otros tiempos, y luego de una pausa prosiguió—, ¿Para que nos debe interesar hacer quórum con gente que no se ha interesado en este importante encuentro donde analizaremos la crisis del mundo, la cual nos afecta a todos?

—Hermanos todos, hoy estamos aquí para analizar un tema único —retomó de nuevo la palabra Don Rufino, el viejo alcaide de Florencio, a quien por su experiencia le habían cedido algunas palabras de privilegio—. Por eso no es tan importante, en mi consideración que se establezca quórum para comenzar ese conclave mundial que integramos las comarcas y los pueblos.

—¡Por qué compañero ?... ¿Por qué si es una regla escrita que jamás se había violado? —Inquirió el alcaide de Trenzo, uno de los pueblos que todavía estaba de pie y de los pocos que quedaban a orillas de Río Rojo.

– Porque estamos seguro, del por qué no llegaron a esta reunión donde fueron convocados con anticipación –respondió Don Rufino por estar presidiendo aquella reunión de dignatario como se le llamaba para entonces a los alcaides, por haberse eliminado para aquellos finales de los tiempos la posición de presidente.

–¡Dígalo de una vez y sin temor Don Rufino! Denuncie porque esos alcaides de esas comarcas no se encuentran aquí. ¿Acaso tiene usted miedo? –puntualizó de nuevo el alcaide de Trenzo, el cual, dicho sea de paso, era su rival.

–¿Miedo yo, acaso la situación para nosotros en cada comarca nos es tan grave que mejor es preferir la muerte que estar vivo? ¿Por qué piensas usted que tengo que tener miedo? –le ripostó Don Rufino.

–Es que todos aquí sabemos que la convocatoria que esta vez se nos hiciera, fue para por fin conocer un asunto que en toda la existencia de la vida política de los pueblos, en todas sus generaciones no se ha cuestionado –dijo de nuevo ese alcaide, con el fin de hacerle apurar la declaración que todos esperaban.

–Todos aquí la saben, y les aseguro, que personalmente no tengo nada que perder –dijo en aquel instante con labios reseco, pero que a la vez mostraron un ligero temblor.

–¡Con su permiso! –se incorporó el secretario nombrado, quien levantando su mano, se dirigió hasta la tribuna donde se encontraba Don Rufino, y acercándose a su oído le dijo en tono susurrante: "Don Rufino, atrévase a decirle, creo que esto no les restará méritos –luego de decir esto se devolvió silente a su asiento.

–Si todos saben, vuelvo a introducir, porque hemos sido convocados, siendo que concierne a nosotros, y no para buscar solución a los problemas de los pueblos como tradicionalmente de generación en generación se estaba habituado, es por lo que se hace fuerte subrayar públicamente el tema principal que nos mueve para estar en esta reunión de cabeceras de naciones.

—¡Alto! —se escuchó la voz del secretario que ya estaba impaciente al ver los tantos rodeos que le daba Don Rufino aquel anuncio del tema principal de aquella reunión, —así dijo de súbito—: Estamos aquí para conocer que hacen los candidatos con el dinero que le sobra de las recaudaciones, después de los gastos de una campaña política.

—Señor secretario ¿Le concierne a usted el tema? Porque por lo que sabemos, usted no es un mandatario.

—Por eso tuve, señor Alcaide de Trenzo, el valor de decirlo, al ver que ustedes no se deciden, pues es cierto, que yo siempre lo que he sido es secretario de profesión, también porque como puedes ver mi posición les ha servido a mucha especie de magos que saben cómo desaparecer esos cuantiosos sobrantes.

—¡Despidan a ese hombre! ¡Pero por Dios! ¿Quién fue que contrató a ese enemigo del pueblo —se escuchó en alta voz decir a uno de los alcaides en medio de la algarabía.

—¡Fuera!— ¡Fuera de este lugar! —lo que hizo que Patricio Ernesto de la Fuente, alías Don Pancho, conocido también como el secretario, saliera cual bólido, despavorido de aquel nido de víboras, llevando solo su libro de apunte debajo de su brazo.

Luego, todo como cabe suponer, terminó en un caos, algo que no era extraño para aquellos días en los que se regía solo con artimañas a todos nuestros pueblos.

Como podemos observar, allá afuera los tiempos habían cambiado de forma increíble, mientras que adentro del individuo mismo, todo seguía su curso, siendo en aquella afluencia donde se encontraron estos dos mundos diferentes, donde nos ubicamos de nuevo.

—Es la realidad en mi Inconsciente —Me dije a mi mismo sin medir consecuencia. Estaba allí, en aquel lugar también, le dijo Consciente a la Razón, más por la confianza que le guardaba.

—No siente que es lluvia de verdad —se cruzaron en aquel instante en sus opiniones, entre uno y la otra, quienes se pusieron de acuerdo para reconocer su parentesco.

—Estoy avergonzado, te confieso que no por nosotros, pues estamos reguardados aquí dentro de nuestra casa, pero por ellos, es una lástima llegar al extremo de pensar de esa manera.

—¿Acaso, no se te ha ocurrido llegar a ponerlo en las bóvedas de tu hijo ?... ¿Es que no le tienes confianza? —le preguntó la Razón para guiarlo a la mejor decisión.

—Pareces un niña confundida en tu ignorancia —le dijo el Consciente a su contraparte, no deseando que aquella se saliera con la suya al tratar de ocultarlo.

—Dime las razones que tienes —le dijo esta con firmeza—, pues no se sentía inmutada en lo más mínimo al hacer tu papel de tumba.

—Si te lo confieso a ti —le dijo de súbito al ver su terquedad— ¿Lo guardaría por siempre?

—Si eso prefieres —luego prosiguió—, no sé qué te preocupas, pues a mí me da lo mismo.

—¿Es que no te das cuenta que es solo por no darle valor al agua? —esto dijo tratando de ocultar la realidad.

—No te preocupes por eso papá, yo te la guardo, y puedes estar seguro que seré fiel, pero te pido que le llevemos esta observación también a tu otro hija, pues ella hará que se retuerzan de vergüencita, con solo darle la orden para que hagas su trabajo, pues ella es mucho más severo que yo cuando remuerde.

Así por aquella orden de su padre, salió la Consciencia a recorrer cada mente de los gobernantes, por las noches, por ser la hora cuando está más activo el gusano que dentro de ellos trabajaba, y así hacer su faena mucho más efectiva en el silencio de la oscuridad.

Pero era tanta la barbarie, que no había tiempo para el remedio, todo porque la enfermedad había llegado a un estado crónico.

CAPÍTULO X

COMPADRE, ¡VAMOS AL HUERTO !

Cuando todo llega a un punto donde aquellos seres que se hacen más consciente de un problema que está por avecinarse deciden emigrar, es porque la desolación en su hábitat, no tiene manera de retroceder.

Los caminos que conducen al éxodo son solo para seres valientes, pues siempre para lograrlo hay que dejar muchas veces propiedades, amistades y hasta tradiciones, este también es para visionarios que están dispuestos a pasar, si es posible, por encima de los cadáveres de aquellos que muertos en sus razonamientos, no disciernen el camino del progreso.

Pero siempre existen, en medio de la oscuridad, señales divinas de la luz. Esto podemos asegurarlo en el caso de Don Pancho , pues una noche en que se acostó en medio de una terrible confusión por aquellos cambios que se estaban suscitando cuando era Río Cristalino, soñó con aquel lugar llamado el Huerto.

Fue por eso que tenía mucho tiempo que ha escondida había adquirido una de las porciones mejores de aquel hermoso lugar.

Aquello fue luego de la partida de su nieto Jeremías, pero al llegar allá, su compadre no lo sabía, él apreciaba tanto su amistad que había decidido venir por él a la orilla de Río Rojo.

Luego un día encontró este mensaje escrito, el cual siempre preservó sintiendo curiosidad por aquel lugar, que luego de saber de él comenzó anhelar, junto a su Arquitecto Hacedor. Este decía así:

"Existe un lugar escondido a la mente humana, y quien lo descubre con interés por su salvación lo busca hasta encontrarlo. Es una especie de tesoro ubicado en un lugar de un paraíso, buscarlo es de aventureros, encontrarlo es de afortunado, mantenerse hasta obtenerlo hasta el final es de valiente".

Pero esa cita de un escritor desconocido, desde joven había llamado la atención de Don Pancho, aunque según recuerda, solo a Jeremías, su fallecido nieto, un día le había revelado, la inquietud que había sentido desde que leyó aquel texto de aquel lugar misterioso, para él desconocido.

Aquello no era una tarea fácil, pero conforme a los cálculos de Don Pancho era mucho mejor que quedarse allí esperando a que llegara la muerte, mucho más cuando aquel ambiente no dejaba espacio ni siquiera a las dudas para llegar a inventar por otra vía una salida alternativa que pudiera servir de escape.

—Compadre venga al Huerto junto conmigo -le dijo muy resuelto Don Pancho a su amigo.

—¿Acaso si voy con usted, tendré un espacio donde vivir? —esto le dijo su compadre con cara de niño ingenuo.

—¡Claro que sí! —le dijo sin reparo en su respuesta, pues era algo que en ese momento creía de todo corazón.

—Bueno, si es así estoy decidido a que vayamos —Le dijo Manuel, también decidido.

Era que el compadre Manuel no tenía otra alternativa, pues al quedarse allí lejos de su compadre, sabía que era hacerle compañía a la soledad, pues de otra manera, también al residir en una de las riberas de Río Rojo era una muerte segura.

Él era un hombre valiente, pues nunca se había casado, resistiendo todos los abates de la soltería, aunque no era homosexual, pues muchos afirman que lo que hizo que se quedara soltero, fue un pacto que estableció con la mujer de su juventud, que un día se fue de su lado para nunca más volver.

La razón por la que decidió quedarse soltero para siempre, era un tema que ni aun en las noches de bohemios se había planteado entre él y Don Pancho, su compadre y mejor amigo. Así que aquello era más secreto que el que se guardan en los Estados.

Por tanto, partiendo desde aquí es donde podremos entender a nuestros personajes en este capítulo, por ser ellos quienes nos ilustraran con su imaginaria experiencia, lo que sustenta esta patética situación, aun en la vida real.

Todo para Don Pancho había muerto, lo mismo para su compadre Manuel, un enigmático personaje misterioso, que desde su juventud le había acompañado en sus horas de penas y de alegrías.

—¡Vamos compadre ! —le dijo a Manuel con quien se había puesto de acuerdo, para estudiar la preparación de los que ellos en secreto llamaban su éxodo.

—¿Que tenemos que llevar? —le preguntó su compadre con el fin de orientarse.

—Por ahora nada —le dijo con mucha precisión—. Para llegar allá solo se necesita fe y tomar la decisión.

—¿Así de fácil ? —inquirió con cara de sorpresa, quien se proponía ser su compañero en aquel peregrinaje.

—Así como lo escucha compadre, otros que se fueron adelante nos dieron testimonio de la seguridad que ofrece ese camino —esto dijo Don Pancho con mucha seguridad en su voz.

—siendo así, no nos queda otra alternativa, por tanto no demoremos más este asunto, así que vámonos compadre.

La vida es así, los seres humanos tenemos que acostumbrarnos a ganar y a perder, muchos se resisten a esperar en momento en que los pueblos caen en ruinas dentro de sus fronteras, estos muchas veces ven llegar otros tiempos trayendo en sus alas el progreso.

Existen personas que declaran que eso es relativo, pues cuando en el panorama de un lugar no se observa en su horizonte nada bueno, los que tienen espíritu de peregrino se marchan, mientras que en ciertos casos, muchos de los que se quedan encuentran oportunidades en los mismos escombros.

Pero en caso de Río Rojo, y sus terribles consecuencias, no había en ninguno de los espacios retroceso, todo se observada sombrío, aunque en aquel momento en que Don Pancho se dio cuenta de ello, muy pocos pudieron discernirlo.

Pero mientras eso ocurría en aquel ambiente entre Don Pancho y su compadre Manuel, se había percatado que el mal porvenir se había extendido a otro rincón del planeta, por tanto, al no encontrar compañía, decidió seguir por la ruta de este éxodo.

Por supuesto, que la leyenda marcaba la ruta aquel Huerto, el cual estuvo desde el principio allí, llamado el Edén, lugar que desapareció visiblemente junto a nuestros primeros padres terrenales, Adán y Eva, pero no aquel lugar de ensueño, pues su ubicación quedó aquí entre nosotros.

Aquel día que salió, Don Pancho le advirtió a su compadre, algo que debía guardar en su corazón, pues la presión de la gente en todo el trayecto era lo más difícil de soportar. De todas maneras decidieron salir, pues llegar aquel lugar, les era mucho más confortable, que quedarse allí, de este lado donde el mal olor empezaba a tomar dominio de toda la atmósfera, por eso aquel viaje se le hizo mucho más apremiante.

—¡Que no se le olvide nada compadre¡ —esto de nuevo le reafirmó Don Pancho a su inseparable amigo.

— Creo que estoy listo –le dijo éste— Por sobre todo quiero seguir su consejo acerca de aquello de dejar todo atrás.

— Así mismo compadre, según observo veo que has aprendido bien las lecciones que en todos estos años les he compartido.

Después de creer que estaban listos, luego de examinar por lo menos todo su equipaje interno, decidieron partir al "Monte del Sacrificio", como muchos lugareños solían llamarles a aquel lugar donde la hostilidad de aquellos que se aglomeran a la orilla del camino, hacían más difícil llegar a la cima del mismo.

La misma leyenda sobre este monte, dicen que solo un hombre llamado el Mesías había llegado, que luego algunos de sus seguidores lo lograron con mucho menos dolor y sacrificio que le costó a Él para llegar a obtener el premio que se encuentra en su cima.

El misterio que mucho no entendían de aquella cima, es que luego de conquistarla como alpinista espiritual, se tiene de nuevo que descender de ella, para debajo emprender la caminata de donde después se consigue ser laureado.

Por eso muchos se desaniman también en aquel peldaño del otro extremo de su regreso, aunque se traspasan los linderos de este lado de la empinada cuesta, del otro lado se comienza el camino del peregrinaje de una manera diferente, pues muchos afirman que una misteriosa presencia divina acompaña a los viajeros de aquel lado de la senda.

Todo aquello, por dedicarse a buscar por medio de la contemplación el rostro del Divino, Don Pancho en aquel momento lo sabía, por eso había servido de guiador a su compadre Manuel, a quien le aconsejaba no apartarse ni un momento en su corazón del propósito.

—¡Recuérdelo Compadre¡ —le decía—, ni un paso atrás ni para coger impulso.

—Pero, ¿qué vamos hacer con las voces disidente compadre, mientras vayamos por el camino? —se le escuchó en un momento decir a Manuel en su entrenamiento para ir al encuentro del Paraíso.

— No, podemos claudicar compadre, mantenerse en el camino es el lema, y para eso la fe es la única arma que invisiblemente debemos llevar —así le aconsejaba Don Pancho.

Una cosa era que aquel paso que ellos daban era de sabios, esta estaba fundado en la filosofía del mismo Don Pancho que decía: "Es lógico que si somos los primeros en decidirnos en el éxodo, seremos también los primeros en llegar".

Aquel dicho, animaba mucho a Manuel, pues él durante muchos años había visto los buenos aciertos de su compadre, quien desde joven le consiguió trabajo en el palacio de Gobernación de la ciudad de Florencia, donde llegó con su ayuda a trabajar.

Por esto en Manuel, "mi Compadre", como solía llamarle Don Pancho, a quien consideraba mucho más que aquel hermano, que añoró pero no tuvo, por eso se confortaba con la sincera amistad de Manuel.

Aquella mañana Don Pancho y su compadre Manuel, salieron decidido para comenzar lo que fue su éxodo. Sabían que era una decisión de incidencia de vida o muerte, pero además de trascendencia eterna.

—¡Llegó el momento compadre! —así con esta palabra empezó el peregrinaje.

—¡Vamos! —fueron las palabras del compadre Manuel, pues también estaba convencido.

Pero sus vecinos más cercanos al salir fueron los primeros en conocer sus intenciones, por eso fueron también los primeros en comenzar el ataque frontal a nuestros amigos.

— Hey, ¿y a dónde van nuestros vecinos? —se escuchó llena de sarcasmo la voz de una de las vecinas de Don Pancho. — ¡Vamos al viaje solo a explorar los campos! —le dijo Don Pancho, quien se adelantó a responderle aquella mujer con cara de chismosa.

— ¿Van a explorar los campos, o también por cobardes se marchan dejándonos sola a tantas mujeres solteras? — les dijo con cara de pícara.

—Prosigamos compadre —le susurro sin responder Don Pancho a su compadre.

— Si compadre es lo mejor que hacemos —luego prosiguieron decididos.

— ¡Vamos! —le dijo Manuel también con firmeza.

Fue así como en medio de las críticas de sus conocidos prosiguieron, pues ellos se habían propuesto llegar al lugar llamado el Huerto, a pesar de las burlas y críticas de los demás y de cualquier otro obstáculo que se les opusieran en su decisión de llegar a la cima.

Allí, no solo lo vieron, sino que además de sentirlo con el milagro de su liberación se adhirieron, y luego el milagro en su interior fue hecho, por lo menos en Manuel, pues hacía un tiempo que por ese lugar Don Pancho había pasado.

– ¡Lo sientes compadre! ¡Lo sientes! —volvió Don Pancho a repetir lleno de un gozo inefable al no poder explicar el milagro.

—Si compadre, lo siento, sin dudas él está aquí, lo percibo también por medio de su gloriosa presencia.

— ¿Este es el Mesías Compadre? —le dijo Manuel a su compadre, más con cara de niño inocente que de ingenuo.

—Si Compadre, es Él.

—Trate por medio de la fe de sostenerlo en su corazón, pues lo vamos a necesitar para el peregrinaje.

Luego allá, en la distancia del otro lado del Río Rojo se podía ver el Huerto, irradiado por una luz esplendorosa que disipaba la oscuridad a la distancia. Mientras abajo, se podía observar con claridad el panorama vivido en las edades de los humanos, pues aquel Río se observaba al revés, dado que desde aquel ángulo, este había cambiado su posición.

— ¡Mire compadre! —le dijo Manuel lleno de asombro a su compadre.

—Sí mi compadre, en realidad así es como debe de verse como se observa desde aquí el Río de Vida —esto expresó Don Pancho de manera sonriente.

—¿Puede usted explicarme estos tres colores del Río compadre ? —en este momento Manuel se presentaba ante su compadre, más como un discípulos que como el amigo que siempre había sido.

—No son tres colores compadre, en verdad son cuatro los colores del Río —esto último era una sorpresa para su compadre, pues en verdad con los ojos físico eran solo tres colores los que se alcanzaban a ver.

—¿Cómo que cuatro compadre? —luego prosiguió todavía atónito al ver solo tres colores—. Compadre según observo ahí solo hay tres colores en el río —concluyó.

—Cuente conmigo, el primero de este lado donde vivíamos era Rojo, pero al estar putrefacto perdió su color; el segundo del medio es Verde, ese tenemos que cruzarlo, pues es el de la esperanza; luego viene el Cristalino, donde somos limpios. —luego hizo una pausa, lo que aprovechó Manuel ligeramente apresurado para preguntar:

—Y entonces, ¿dónde está el cuarto Río? —le dijo muy interesado mientras de súbito le inquiría.

—Fíjate bien, allá al final donde irradia aquella luz a donde vamos, ese color es invisible, tienes que aprender a mirarlo con los ojos del entendimiento, aquellos que están ubicados en tu espíritu. ¿Lo puedes ver ahora?

Luego de un momento después de cansarse de mirarlo con sus ojos físicos, Manuel por fin se dio cuenta y lo cerró, mientras desde lo más profundo de su ser, pidió al Padre, y de pronto exclamó:

—Si, está allá, lo veo compadre, es maravilloso —así sonriente abrazó a su amigo y le dijo—: ¡Vamos, estoy dispuesto a pagar el precio sacrificial para llegar allá!

—No tenemos que pagar ningún precio, Él hizo el sacrificio por nosotros, solo tienes que creer —luego le tomó de la manos y le dijo a su compadre—: ¡Vamos... que nos reta un largo camino!

Luego felices se le escuchó cantar una canción dirigida a Dios, mientras se perdían en aquel largo sendero, que les dirigía al éxodo.

Fue al pasar varios años, que Rosilla del Monte llegó hasta el lugar llamado de la Indecisión, donde un día residían Don Pancho y su compadre Manuel, lugar donde los viajeros esperan tomar la firme decisión, mientras rodeados de burlas y tentaciones se le torna resbaladiza la cuesta para subir a la cumbre. Fue allí, donde a pesar de las tentaciones, Rosilla logro investigar sobre la valentía de aquellos viajeros que lograron subir al monte, de donde descendieron para cruzar los dificultosos desiertos que les llevaría al Huerto.

Por eso subió también hasta aquel punto del Monte, ella también pasó por aquella maravillosa experiencia, por eso también observó como buena investigadora que los colores del Río eran cuatro, siendo los tres últimos los más importante a la carne, y el último al espíritu.

Luego después de meditar, emprendió el viaje para encontrarse con Don Pancho y Manuel, todo estaba decido, ella era una venturera, y para convertirse en una de ellos, tenía que ser valiente.

Luego, el espacio se hizo muy corto, pues la razón se disipó con todos sus argumentos logrando cederle a su espíritu el derecho de decidir, y así encontró el camino verdadero al éxodo.

CAPÍTULO XI

LUZ EN CASA
DE DON PANCHO

Los tiempos fueron mudando cada habitación del espacio donde los arquitectos, ingenieros y constructores de todas clases sociales las habían colocados, partiendo un día de su imaginación.

Fue que el mismo tiempo al observar la maldad en el corazón de los humanos, se negó a utilizar la palanca de los cambios contrario a su reversa, lo que hizo mientras tanto que el futuro, se volviera guiado por el deterioro sobre los suelos en brazo de la incertidumbre.

Pero salido de series, dentro de todos los humanos, un solo hombre se dejó motivar por el Consciente, así como por la Razón, quien decidió salir junto con lo único que le quedaba como familia, con el objetivo de llegar al final, aunque para ello tuvo que montarse en la manecilla del reloj que domina el tiempo, logrando con ello, de vez en cuando, casi detenerla.

Ese hombre se llamó Patricio Ernesto de la Fuente, a quien en la postrimería de sus años cumplidos le dieron el alías de Don Pancho, un personaje interesante que todos los aldeanos recordaban cuando tenían existencia, como el secretario.

Fue en la leyenda de los pueblos, donde quedó grabado el aporte de los ancestros, quienes se dieron a la loable tarea de preservar las crónicas, por ser entre sus antepasados que descendieron los escribientes, que tuvieron como misión preservar mediante registros los archivos de los pueblos, aun de aquellos que habían desaparecido.

Este Patricio Ernesto de la Fuente, fue un hombre que nació con una misión, la cual la tomó como un legado ineludible, al depositarse en él, todo el poder de los espíritus juntos de sus antepasados, todo con un fin marcado al final de sus días, cumplir la noble causa de parte del Divino, cual si fuera un llamado.

—¡Compadre Don Manuel! —se le escuchó decir a Don Pancho estando a la puerta de quien había sido su amigo por muchos años.

—¡Aguarde un momento compadre! —le dijo antes de abrir aquella puerta, de su casa, si así se le pudiera llamar.

—Vine a hacerle una propuesta —le dijo a quien consideraba por muchos años su mejor amigo.

—¿Una propuesta?... Pero compadre, está perdiendo la memoria? —esto se escuchó decirle a Manuel, admirado, pues aquello de don hacía tiempo, que por no encontrar quien le nombrara con aquel mote, lo había casi olvidado.

— No, como va hacer compadre —hizo una pausa y luego prosiguió—. Recuerde que tengo la memoria de un elefante, herencia de mis ancestros —luego se escuchó de ambos una leve sonrisa, pues en aquel tiempo se habían agotado las fuerzas para carcajadas.

—¡Vamos al grano! —le dijo Manuel a su compadre Pancho con una ligera tosquedad en su voz— ¿Cuál es su propuesta compadre soy todo oído? —prosiguió.

—Lo que sucede es que he concebido de la idea, de que usted se vaya a vivir al cerro conmigo, no sea que esa vida sedentaria, acabe más rápido nuestras vidas, ¿por qué por lo menos conmigo le quedan días para leer y comer?

—Pero, ¿usted cree que tenemos tiempo compadre? — esto dijo Manuel con rostro augusto.

—¡Claro que sí!—luego dijo para animar a quien fuera por muchos años su amigo y compadre—. Todavía creo que nos queda mucho tiempo para demostrar a los mismos anales de la historia que somos la última resistencia. — Esto que dijo al final lo expresó con aire de valiente guerrero.

—Usted no recuerda —le respondió Manuel, con muy voz débil pero firme—. Compadre, ¡estamos en la undécima hora!...¿ Piensa usted que tenemos tiempo para hacer nuevos planes ?

—Tenemos que tener fe compadre —le respondió Pancho a su compadre—. Es lo último que debemos perder —le dijo con mucho ánimo en su expresión.

Luego de esta conversación entre los que se creían así mismo los únicos sobrevivientes que en todo el Globo habían permanecido, fue en aquel instante, cuando al escuchar una voz femenina, y un toque en la puerta de Manuel, lo que hizo que cambiara el curso de la memoria de los humanos, en aquellos últimos días.

Mientras Pancho y su compadre Manuel, estaban allí todavía de pie, aquel día en su entorno exterior se escuchaba una brisa, que aparte de su silbido, traía consigo desde la lejanía de la pradera reseca de color gris, un olor a soledad y olvido, donde ella misma enrollaba las marañas de las pocas ramas hechas charamicos, que caían a su suerte por carecer de la fuerza para mantener sus sostén.

Un viento solano que se entrelazó con la brisa, trajo para no dejarle abandonada, abrigada entre harapos, pero con ropas costosas de rica señora raídas por el largo viaje a Rosella del Monte, una ex famosa periodista de investigación, que se había preservada para aquel día y para ese momento trascendental de la historia.

Unos cuantos kilómetros antes de llegar, hacia unos años atrás, llegó en su asno a la única familia que le habían dicho podía existir, la cual encontró

SANGUIJUELAS EN RÍO ROJO

luego de un largo viaje entre escombros y ruinas sin encontrar sobrevivientes.

Pero de una vez, luego de unos meses se comieron su burro a al no tener alimentos, y por último tuvieron que escapar de allí, debido a que no encontraron más nada para comer, los vio languidecer tanto que sospecho que su vida corría peligro, pues empezaron a desearla cual si fueran niños hambrientos por golosinas, fue así cuando concibió la idea de escapar.

Estando en medio de aquel camino, Rosella, en un momento en que debido a la persecución de aquella familia donde se alojó, llegó a traer a su memoria, que ellos se habían referido a Don Pancho, como la última reserva que podía permanecer sobre la tierra, lo que hizo que tomara aquella dirección.

En aquel preciso momento en que Pancho concluía aquella conversación con su compadre Manuel, fue como guiada por la providencia que Rosella del Monte, llegó a donde ellos se encontraban, lo que provocó una gran sorpresa.

Toc..Toc… Toc… Toc… sonó aquel toque de puerta, el cual se ahogaba debido a la vieja madera donde se acentuaba el golpe que producía el sonido de su nudillo, que hizo contraste con la dulce voz de Rosella, quien preguntó: ¿Tenemos a alguien allí?

—Sí, si claro -se escuchó la voz de Manuel, desde el interior de la destartalada puerta que apenas se sostenía.

—Sí, claro que estamos aquí —también se mostró galante Pancho, al ver el rostro maltratado por el largo camino y el tiempo, sin que se ocultaran en el rostro   de la visitante los apreciables rasgos de inteligencia y belleza que por naturaleza poseía.

— Hola, ¿cómo están ustedes? —preguntó Rosella, al ver de frente a estos extraños caballeros.

—Por lo menos todavía de pie gracias a Dios —esto dijo Manuel más animado por la presencia de ella como ser humano que como mujer, pues hasta la reacción normal que despierta en un hombre la presencia de una bella mujer, se le había extinguido.

—¿Quién es Don Pancho? — inquirió con la gracia que ella solía hacerlo en el ejercicio de su profesión.

—Un potador inmerecedor mi bella dama, que se ofrece para ser su humilde servidor —le dijo Pancho, flagelando ligeramente su dorso como en señal de servidumbre, aunque aquella vez lo hizo más por galantería.

—Con usted me propuse hablar hace muchos años —dijo con voz muy cándida—. Quiero que sepas, que todos a lo largo del camino que me propuse tomar para llegar hasta aquí, solo me hablan de su persona.

—¿Tan importante soy en todo el Globo? —le inquirió Pancho con una segunda intención, la cual ocultaba en el acento de su voz.

—En verdad, en aquel principio vine para una investigación asignada, pero no vale la pena tomar el camino de regreso. Primero porque es imposible que llegue con vida aquel lugar de donde salí, y segundo, porque no creo que encuentre vida de aquel lado del hemisferio.

—Perdone que le interrumpa, pero es que no nos queda mucho tiempo, por tanto es este espacio donde nos encontramos, el más propicio para ir directo a lo que deseamos —le dijo Manuel.

—Sí, se me olvidaba, él es Manuel, mi compadre y amigo de muchos años. Como le he dicho, soy Pancho, pero, ¿quién es usted?

—Yo soy Rosella del Monte, fui periodista de investigación de uno de los periódicos más famoso del Globo, pero eso en este momento no tiene ningún valor, pues en el mundo han sido tantas las tragedias que parece mentira, que en este momento no hay noticias.

—Bueno, será porque no hay persona para leerla o verla —interrumpió el sapiente por la edad, el compadre Manuel, mientras concluyeron todos riéndose.

—Creo que merecemos celebrar este encuentro, por tanto los invito al cerro donde resido —dijo Pancho tomando valor.

— ¡Compadre lo siento! —le dijo Manuel a su amigo y compadre Pancho— luego prosiguió—. No creo que me queden fuerzas físicas, ni mentales para subir el cerro, esa era una de las razones que quería decirle cuando usted me lo propuso antes de Rosella llegar.

—¿Pero mi compadre?... —Quiso convencerle su compadre Pancho al escucharlo expresarse así.

—¡Vamos Don Manuel! —le dijo Rosella, la cual con su voz femenina le daba una nueva motivación a su vida.

—¡No! —les dijo de súbito a ambos—. Es que no se dan cuenta. Creo que solo quedamos tres en toda la tierra, dos hombres y una mujer ¿Cómo piensan que el resto de mis días lo voy a pasar compitiendo con mi compadre?

Fue así, como Pancho y Rosella por primera vez se vieron a los ojos. Jamás les había pasado por la mente, que una de las últimas virtudes que se pierde en la vida, aparte de la fe, es el amor. Ellos, al mirarse en aquella ocasión, se quedaron marcados con aquel flechazo que atravesó sus corazones para el resto de sus días.

—¿Qué quiere hacer compadre?... Recuerdes que es su decisión —le dijo Pancho a su compadre, sabiendo que era su última decisión.

—Mi compadre, prefiero morir aquí, con el honor de saberme poseedor de la perseverancia, y no caer en una competencia al final de mis días por el amor de una mujer.

Cuando Manuel terminó de expresar aquellas conmovedoras palabras, los tres se abrazaron, y aunque no hubo lágrimas en aquella despedida, debido a que las fuentes de estas en los humanos se habían secado de tanto sufrir, sí se denotaba el alto grado de un afecto sincero y conmovedor entre los tres.

Pancho despidió a su entrañable amigo, junto a su nueva y hermosa acompañante. Así caminó con Rosella hasta llevarla a su mansión establecida en el cerro, lugar, donde en sentido figurado, se podía estar confortable, a pesar de contemplarse desde allí la vista panorámica de un mundo devastado.

—¿Cómo dijiste que te llama? —le dijo Pancho muy romántico mientras iba de camino al cerro, quien se veía tan bien en aquel instante que parecía como si les hubiesen ido de encima unos veinte años debido a su inspiración.

—Me llamo Rosella. No es importante mi apellido, por qué, ¿cuál es el tuyo? —esto le preguntó con picardía. Cabe recordar que ella venía de ser periodista investigadora.

—¿De la fuente? —dijo de súbito—. Ese es mi apellido dijo Pancho —luego quiso indagar— ¿Por qué me lo preguntas?

—No porque siendo que mi nombre completo a partir de ahora es, Rosella de la Fuente— ¿No crees que es mucho más bonito ese nombre?

—Muy bonito, lo único es que no sabes por el hombre, ¿por quién te pone ese nuevo apellido? —le cuestionó.

—Veo que eres inteligentes, ¡eh! — le dijo Rosella con aire de mujer coqueta, lo cual se observa como algo innato en toda mujer.

—No creo que siendo tú una mujer tan estudiada e inteligente, pienses que yo me llamo, Pancho —esto dijo creyendo que con eso le iba a conquistar más de prisa.

— ¡No pequeño travieso! —le dijo con énfasis para provocar una reacción, luego prosiguió diciéndole—. Fuiste en tu vida pasada, secretario en varios Estados, e instituciones, archivista, escritor de crónicas e historiador, así como muchas cosas más y que tu nombre es Patricio Ernesto de la Fuente, ¿cómo la ves?— Concluyó con aire que denotaba su broma.

—Mejor es que me mantenga en silencio —le dijo con voz romántica, y tomando tiernamente su mano, mientras le miraba a los ojos— Vamos que te voy a llevar a mi palacio.

Muchos años atrás, en tiempos cuando la mayoría del pueblo consideraba a Pancho un cualquiera, este había adquirido aquel cerro a precio de funcionario de gobierno, el cual en sus cálculos consideró que era el lugar más apropiado para un refugio.

Aquel lugar tenía algunas características muy especiales para ser la guarida perfecta para pasar los últimos días. Entre otras cosas, tenía una caverna natural de caracoles en una roca de un plateado de un color azul natural, lo que formaba una hilera formada en roca de varias habitaciones.

Lo más maravilloso de todo, era el inmenso espacio que tenía la caverna en la parte de atrás, a una distancia considerable donde caían las aguas que se formaban por el rocío de la noche.

Fue allí donde Pancho llevó los archivos tanto personales, como de todos sus ancestros. La lluvia no caía desde los cielos, pero si un roció descendía por las noches. Pancho había sembrado unos árboles en la cúpula del cerro donde almacena aquella especie de vapor que se convertía en agua, lo cual le permitía tener formadas en la roca por la naturaleza una serie de piscinas en el interior de la caverna de aguas cristalinas.

Aquel paisaje parecía un sueño. Luego afuera, en un pequeño llano de varias hectáreas, tenía sembradas, toda clase de víveres, algunos de ellos tubérculos bajo tierra, los cuales había adquirido de aquellos que se encontró "Vago Nacho", que espero lo recuerden, pues de eso aprovechándose de su investidura, consiguió unos cuantos que cultivó en aquella ladera, la que él llamaba su palacio.

—Mira mi amor —le dijo Pancho a Rosella— te quiero enseñar todo lo que en mi vida tengo reservado para pasarme el resto de mis días junto contigo.

Fue así como le mostró todos los secretos que tenía guardado desde aquel día cuando salió huyendo del cónclave de dignatarios donde se sintió por su temeraria declaración amenazado de muerte.

—¡Eres mucho más inteligente de lo que me había imaginado! —le dijo Rosella a Pancho, mientras le estampaba un beso en la mejilla llena de una vibrante descarga llena de amor.

—¿Te quieres casar conmigo ? —aprovechó Pancho aquella ocasión para declararle su intención.

—No vale la pena —le dijo, y luego prosiguió—. Si somos solo tú y yo, porque no entregarnos el uno al otro, para empezar a vivir esta pasión, antes de partir.

—¡No mi amor! Solo déjate guiar por el amor. Lo demás, si existe de verdad un Dios en los cielos, al dejarnos deslizar en los brazos de este amor, nos los hará entender como Soberano que dicen que es —luego terminó mirando a Rosella con ternura.

—Entonces, me dejaré guiar mi amor, que seas como tú lo ordenes, pues no nos queda mucho tiempo para opciones —le dijo dócil Rosella.

—Ven mi amor vamos adentro del palacio, tengo varias sorpresas que he preparado para ti —así la guió Pancho con mucho amor en su semblanza.

—Voy a prepararte todo el escenario para nuestras bodas —fue así como le llevó a las fuentes de aguas interna debajo del cerro, y no queriendo verla desnuda, todavía le dijo: "espera".

—¿Qué es esto?... Es una toalla, para secarte luego que salga del agua de la fuente principal. Y este es tú vestido de novia, Voy a la otra habitación hacer lo mismo, Así que la habitación donde te va a vestir como la más bella de las novias, está lista ¡Vete ahora cambiar!

Cuando Rosella llegó, a la fuente estaba llena de pétalos de rosas, lo que hizo que todo aquel ambiente se embriagara con su perfume de olor de suspirante ensueño. Luego que terminó de cambiarse, Pancho se encontró con ella en uno de los pasadizos entre las habitaciones.

—¡Vamos arriba a la cumbre del cerro! —le dijo él tomando de la mano con ternura a Rosella, la más hermosas de las novias, la cual obedeció extasiada de amor y de emoción.

¡Wao! —fue la única manera de expresar su admiración por el paisaje que desde allí se divisada, pues sus pies parecían que pisaban en el Huerto del Edén, pero su mirada se posaba hacia el horizonte en el paraíso donde de donde desaparecieron los humanos.

— ¡Ven subamos hasta allí! —le dijo con mucha ternura en su acento, hasta que llegaron a un lugar donde había una pequeña planicie, y donde se mostraba una roca brillante, la cual formaba una especie de dos asientos naturales hecho con la roca, cual si fueran conchas de ostras de inmensos tamaños, mientras que al frente se exhibía un trono un poco más elevado.

—¡Sentemos aquí¡ —mientras ocupaban como parejas los dos asientos del frente.

—¿Que esperamos? —le dijo Rosella a Pancho al oído, esta vez con voz muy queda.

—¡Suahhhhh!— Guarda silencio, la ceremonia va a empezar. Imagínate por fe, que tú y yo estamos sentado aquí en un altar y el mismo Creador es el ministro que nos dará su bendición— ¡Dame la mano y ponte ahora de pie! —prosiguió luego.

— ¡Señor! Dios del cielo y de la tierra — dijo él—. Hoy tomo a Rosella, esta hermosa mujer como mi legítima esposa, prometo amarla, cuidarla manteniéndome unido en amor a ella mientras perdure nuestra vida en esta tierra. Amén.

—Señor Creador del Cielo y de la Tierra —prosiguió ella—, hoy tomo también como mi esposo a Pancho, y prometo cuidarlo, manteniéndome unido a él por amor, hasta que la muerte nos separe. Amén.

Luego de esta promesa de amor y esta petición, cual si fuera un pequeño hilito de una presencia muy extraña que vino de lo alto, invadió a estos dos seres fundiéndolo en uno, aquel acto fue sencillo, sin música ni celebraciones, pero fue una de las bodas en la tierra más bendecida, pues allí estuvo Dios por medio de su presencia.

Los días pasaron, y aunque el tiempo para concebir había pasado, no era tan importante, pues era tan grande aquel amor, que cual Adán Y Eva en el Huerto, les era suficiente amarse. Además tenían en sus manos, aparte del amor y el sustento, las crónicas de todas las edades.

—¿Dónde tienes los archivos de aquellas crónicas que me contaste que hablaban del Río Rojo mi amor? —se escuchó la voz de Rosella.

Esto le inspiró a ella, al ver como desde el techo de la caverna, aun siendo de noche, se desprendía un rayo de luz natural que le permitía leer y estudiar aquellas crónicas, sin necesidad de la luz del día.

Aquel era un verdadero milagro en medio de la destrucción universal que se observaba en el mundo exterior, lo que le hacía sentirse inspirada, en aquel amor de acento en su idilio perenne.

CAPÍTULO XII

POR LOS QUE TIENEN ESPERANZA

P or supuesto que allí estaban todos los secretos, así como los misterios que a la misma humanidad dividía en dos bandos, pues entre ellos se podrían encontrar tanto los felices, como aquellos que habían optado por la infelicidad.

En aquellas crónicas también, estaban los registros que mostraban, los porqués, no solo de las causas que provocaron aquella destrucción tanto en las planicies, así como en las montañas, exceptuando el cerro, donde se empezaba a construir aquel inspirador nido de amor, formado por la pareja de Pancho y Rosella.

Aquello era más que un sueño, aunque cabe recordar que el espíritu de un escritor, como lo fue Pancho en sus años mozos, unido al de una periodista de investigación, no le iba a dejar ni tomar vacaciones, ni mucho menos pensar en jubilarse.

—¡Mi Amor! —dijo Rosella una mañana mientras estudiaba una de las crónicas de las edades, en la etapa que se llegó a conocer bajo el nombre de, "El oro los hizo malditos". Este tema y escrito me parece muy interesante —afirmó ella.

—Por favor —le dijo Pancho al llegar hasta ella—, ¿me lo puedes leer, es que ahora estoy allá en la recamara de atrás, también haciendo unas investigaciones.

— No sé si había leído este poema que escribió un poeta llamado "El Amadis de la Bahía", titulado "Despojos Humanos", pero es interesante como él describe la situación de aquellos días en que existió:

-¡Déjame leértelo!

Despojos Humanos

Huesos muertos, hocicos rotos, el sueño de verdes praderas,
cambió su rumbo dirigido, aquel sueño de esperanza.
Murió en muchos humanos, el inspirador deseo de vivir,
que agilizó la misma muerte, que empujaron los hombres.

Entonces, un poder desolador, cubrió de pesar esta tierra,
todo por la escasa sabiduría, que mostraron sus guardianes.
Allende los mares y acullá, pisotearon la obra del Creador,
desde lo alto se negó la lluvia, nos llega el sol como castigo.

Si tú lo vieras está cansado, porque ha perdido su norte,
mostrando su desconsuelo, sin tener en su alma reposo.
Sumido en sus ambiciones, por destruir su propio hábitat,
asignada por su Creador, como morada de tránsito.

Si tú pudieras acercarte más, y te interesare por verles,
él te necesita tanto, pues es el mismo viajero que también
asistieron otros pasajeros en este camino de muerte,
donde la sangre nuestra se ha derramado de ricos y pobres.
Lo viste incauto prócer de mal trecho, él arranca espinos
con su propio pecho, sin que su hermano le cure el dolor
que tienes por sus sangrantes heridas, no sigas adelante.
¡Levántalo hoy ¡así no cargara un día la cruz a tu calvario.

Me volví de la calle al ver el dolor de mis semejantes,
revisé de cerca las crónicas que escribieron mis padres,
descubrí que allí estaba todo escrito, entonces fui libre,
era increíble, al fin lo mire, un milagro me hizo despertar.

Llegué así a cambiar mi rumbo dirigido a la esperanza,
siendo desde entonces cuando cambié mi labor en este mundo,
para dedicarme a recoger despojos humanos.
Dejando de recoger caracoles, al estar entretenido
en la orilla del inmenso mar de azul de embeleso,
al descubrir el profundo misterio de la vida,
en la revelación divina dada a los humanos,
por medio del Mesías Redentor enviado.

—Pero mi amor —dijo sorprendido Pancho al escuchar a su esposa. Ahí en las crónicas que estaban en mis manos se encuentra todo el misterio de la humanidad, claro, ¿por qué no lo entendimos?... ¡Por la ambición de los humanos !… Sólo por la ambición mi amor.

—Si mi amor, pienso hasta donde he investigado en estas crónicas escritas, que en cada generación hubo oportunidad para rectificar aquellos errores que se cometieron para que hoy no estuviésemos en esta hecatombe que ya para el mundo se hace irremediable.

—Así es Rosella, tú lo has dicho, ya no hay tiempo, la vida terrenal está pasando, perdimos la fuerza, perdimos los hombres, dejamos pasar las oportunidades, ahora no nos queda más remedio que esperar el fin.

Fue a partir de allí, cuando leyó aquel poema que la vida de Rosella de la Fuente, empezó a despertar, ella sabía que aunque no había tiempo, por lo menos se iría de este mundo cumpliendo uno de sus sueños: Llegar a investigar, el porqué de aquel descuido de los hombres.

—Por donde comenzar, pensó —luego así misma se respondió—. Acudiré al experto que tengo a mi lado —por eso llamó a Pancho de nuevo.

—¿Que deseas conmigo de nuevo mi amor? —le respondió al escuchar que ésta le llamaba otra vez con insistencia.

—No, es solo una pregunta, si tú fueras a comenzar una investigación acerca de los males que sufre el Globo, ¿por dónde tú empezarías?

—Así de rápido te diría que por el estudio de Río Rojo —luego de una pausa prosiguió—. Mira, busca en aquellos archivos de aquel tramo para que no pierdas tiempo, allí está todo lo que tú necesitas.

—Gracias mi amor, contigo a su lado cualquiera puede investigar —así le dijo, mientras ambos se despedían sonriendo.

Los días pasaron para Rosella, allí recordó una y otras vez sus horas como estudiante de periodismo, con una concentración en investigación la cual terminó con honores, cuando llegó hacer un doctorado en esa profesión.

En aquel instante, para ella era algo increíble, pues no entendía, como podía ella tener en sus manos, el estudio mediante investigación de toda la raza humana, la cual había dejado de existir, excepto por ella y su esposo Pancho, quienes a su entender eran los únicos en toda la tierra que estaban con vida.

Fue en el estudio de los archivos donde toda la verdad le fue revelada, pues allí descubrió que todo aquel pesar sobre la tierra, y la misma humanidad que tuvo la oportunidad de salvarse, le vino por la ambición en el corazón de los hombres que la poblaron.

En una generación leyó sobre este mal, que le llegaron a llamar el gusano negro, el cual llenó de bruma la mente de los humanos, lo que lo hizo sentir fiebre por el oro, y amor por el dinero, hasta el punto que muchos hombres, llegaron a matar a sus propios hermanos, todo por la ambición que llenó sus corazones.

Todos, desde el más grande hasta el más pequeño, incluso los analfabetos y letrados, pecadores y llamados santos, ciudadanos comunes, así como políticos y personalidades de renombre, estaban podridos por ese gusano negro de la corrupción. Es más hubo una generación que determinó, que los hombres mientras más ricos llegaban a ser, mucho más se corrompían.

—¡Esto no puede ser! —llegó a gritar a los aires saliendo, de sus cabales

Rosella, una mujer calmada que no sabía por qué perdía los estribos al leer tantas injusticias, tantos crímenes, muchos de ellos llamados de Estado.

—¿Qué te pasa mi amor ?... ¿Qué te pasa ? —llegó hasta ella de prisa su esposo Pancho al escucharla gritar.

—Este es el colmo de todo lo que es leído. La sangre derramada entre pueblos hermanos, en momento cuando se peleaban por las riquezas del río que lo sustentaba, así como el crimen que cometieron contra el sistema ecológico, fue la razón de todos estos males.

—Pero mi amor, si me hubieras dicho que eso era lo que tú querías saber hace rato que te hubiera evitado todo ese tiempo que has estado investigando en esos archivos.

—Entonces, ¿tú conocías todas esas informaciones? —le dijo Rosella con gesto de sorpresa marcado en su entrecejo.

—¡Claro que sí mi amor! —luego expresó con aire de ingenuidad—. Pero no solo yo, recuerda que esas crónicas que han sido escritas y recopiladas para nosotros, han sido como la del famoso historiador Judío-romano Josefo, pero te pregunto, ¿qué nosotros en la familia podíamos hacer?

—Pues advertirle al mundo, mediante denuncias, utilizando todos los medios de comunicación que existieron en sus generaciones. —Al saber ella más que nadie el poder que representa la prensa en la sociedad.

—Mi amor, no sea ingenua, cuántos de aquellos que lo hicieron, como tú aconsejas que debimos hacerlo, no levantaron sus voces con esas intenciones, y ¿dónde se encuentran esos denunciantes hoy?

—¡Pues de mi parte sigo creyendo que había que seguir denunciando, para que toda la humanidad quedase advertida y pararan ese crimen que al final cometieron, contra la naturaleza, la humanidad, lo que empezó con Río Rojo! —dijo Rosella con cara sonrojada por el coraje.

—Mi amor, mi amor —nosotros los escribientes aprendimos, por tantos crímenes que vimos, que como dice el dicho: "Que calladitos, nos veíamos más bonito", porque "en boca cerrada, jamás entran moscas".

—¡Partidas de cobardes! —dijo Rosella, aún más enfadaba en aquel instante. Luego por medio de la reflexión y el tiempo, logró calmarse.

Todo aquel paisaje, era increíble concebirlo, lástima que los humanos no estuviesen presente para apreciarlo, pero allí estaban ellos, también aparte de investigar para amarse en los último días de sus existencias y eso era lo real, pero además, lo más importante, pues en medio de la contaminación que había destruido al Globo, existía una especie de paraíso, algo parecido a otro cielo, el cual como pareja disfrutaban.

Aquello era volver a la originalidad de la vida, pues el trabajo de Pancho por mejorar la belleza natural del Cerro era algo salido de serie, más cuando pensamos que sobre aquel escenario, el Divino había permitido que todo terminara como en el comienzo, con dos seres que se amen.

Luego lo demás, qué importaba. Pancho y Rosella eran felices allí, y eso era lo más significativo, pues todo lo demás sobraba, ya que su pequeño mundo se había convertido en el idilio que ellos siempre anhelaron, pues se estaban dando amor reciproco, puro y sincero, y lo más importante, sin la intromisión de los demás. Estos fueron los momentos más apreciado de todos los días de sus existencias.

—Mi amor estoy cansada —se escuchó decir a Rosella después de una larga jornada de investigación.

—No te preocupe mi reina, yo te cocino a tu antojo —le dijo Pancho quien se había convertido en un experto cocinero— ¿Sabes?...No tienes que preocuparte más, pues hasta te arreglé la cama, para que descanse y hasta las losas en la cocina, por hoy estarán a mi cargo —añadió.

—Te lo agradezco mi amor —dijo Rosella, para luego de una ligera pausa expresar—. Estoy muy cansada —así concluyó aquella tarde.

Pero fue en aquel momento cuando aún hablaba, que leyó como tratando de ponerle el punto final a su investigación, estando casi al cerrar los ojos del cansancio, sobre aquel pensamiento que escribió en sus proverbios Salomón, sabio Rey de Israel que decía:

La sanguijuela tiene dos hijas que dicen: ¡Dame ¡Dame! Así, queda tranquila con mi alma en completo reposo al comprender todo lo que estaba investigando. Proverbios 30:15.

—¿Sabes mi amor?... Creo que me puedo ir tranquila de este mundo, pues creo que cumplí mi misión a la que vine, ya que en este momento descubrí, el porqué de la auto-destrucción de la humanidad.

—¿Te puedo hacer una pregunta? —le dijo Pancho a su esposa Rosella con mucha timidez.

—Y, ¿por qué me quieres preguntar, si con solo preguntarme, si me puedes hacer, la pregunta, ya me preguntaste? —luego ambos rieron, era tiempo todavía de responder con risa a lo gracioso.

—No es solo para preguntarte, y esta es la pregunta: ¿En el periódico donde trabajabas publicabas lo que tú querías que saliera al público, o lo que los dueños querían que se publicara? — esto dijo Pancho con un poco de picardía en su pregunta.

—No, ¿por qué? —le respondió ella un poco desconcertada con aquella última pregunta.

—Por igual razón, ahora que podemos hablar con libertad, pues solo estamos tú y yo. Esos medios fueron también silenciados, por el mismo gusano que puso en extinción a los humanos, así como a la tierra.

—Oh, ahora entiendo, viejo zorro, ¡Cuánto aprendiste trabajando al lado algunos políticos! ¿eh?... —luego de esta conversación se dieron un beso, y volvieron a sus labores.

Así, pasaron varios días, meses, y años, todo para Rosella se redujo a una rutina en aquellos estudios, lo mismo para Pancho, quien seguía trabajando el huerto para la subsistencia de aquella pequeña familia, hasta que un día llegó lo esperado.

—Mi amor está ahí —dijo Pancho al entrar aquella habitación llena de libros, así como viejos archivos a la cual se había habituado —pero nadie le respondió.

Fue así como se decidió a caminar lentamente por los años, hasta un rincón donde le entraba la luz natural por el hueco del techo, por ser uno sus lugares favoritos, pero también habitual, así se sentó en su viejo sofá reclinable y se le escuchó solo balbucear palabras inelegibles que ni el mismo comprendía.

Luego de quedar un rato ido, volvió de súbito, abrió por un instante sus ojos, y finalmente se le escuchó decir, esta vez con claridad, como si fuera un eco en aquella habitación: "Pero Pancho, si los muertos no hablan".

—Pero, ¿qué fue lo que dije? —Así prosiguió—... Pancho, que te está pasando, viejo Zorro, si ella está viva —se dijo dubitando— Aun así salió sostenido, en una especie de viejo bastón en el cual se apoyó para salir como pudo de su madriguera.

Pero allá afuera la tarde caía. Fue así dando tumbo que con pie de plomo, pudo llegar a la ladera detrás del cerro donde estaban las aves y los animales domésticos.

Estando allí, observó maravillado su huerto, todos árboles, en particular los vegetales, que tanto cuidada, fue también en esta supervisión que pasó revista a su frondoso manzano, todo estaba en orden como siempre con el verdor de eterna primavera.

Por fin llegó a la cumbre de aquella Roca que le traía tanto recuerdo, no sabía por la debilidad de su mente y de su cuerpo, si en verdad era él, o era solo su espíritu. Lo cierto es que llegó a donde su voluntad le llevó.

— Aquí estoy mi amada –dijo sentándose en el sillón que ocupó el día de su boda con Rosella– Tú me conoces tanto que sabría que un día llegaría hasta aquí, fue mi sueño, tú más que nadie lo sabes.

Fue sentado allí que levantó su mirada hacia el trono natural hecho en una roca de color azul salpicado con pequeñas vetas doradas y moradas, y sonriendo con débiles palabras que apenas alcanzaron a escucharse en el entorno cercano, balbuceo: ¡Gracias Dios! Pues tú más que nadie sabes que tenía fe, aunque en vida otros mal me juzgaron, sabías que este momento vendría, por eso estoy aquí –después de una breve pausa prosiguió–. Vine para devolverte lo que a ti te pertenece, pues sabías que la vida que me diste era solo un préstamo ¡Tómala! -dijo por fin con firmeza en su voz.

Luego una presencia muy agradable llenó todo su ser, llegando a ver varios ángeles que en aquel momento vinieron hacerle compañía, lo que hizo que de repente se escuchara un estruendoso sonido detrás del cerro. Era el revolotear de las aves, que juntas, al ser liberadas, del corral donde por tanto tiempo habían estados cautivas, se despedían de este mundo.

Así salieron disparadas por los aires, echando vuelos, queriendo alcanzar los elementos de los aires en dirección al cielo, perdiéndose en las nubes de las alturas a la vista humana, por dirigirse al infinito.

Por fin en el vasto escenario, que llegó a dibujar el pintor que se inspiró en aquella obra, solo nos dejaba plasmado en su lienzo, visto desde aquella altura del cerro, un panorama desolador y sombrío. Visto desde allí donde se sentó, con el fin de dejarnos de nuevo otra de sus obras magistrales, hecha del más finísimo arte.

Luego el tiempo transcurrió, y una suave brisa, con un grato perfume, que solo podía expirar el Espíritu de Dios, de nuevo invadía los valles, los bosques, las montañas, así como aquella pradera debajo del cerro.

La lluvia de nuevo a través de las edades empezó a caer, se higienizaron y limpiaron las aguas de los mares y los ríos, incluyendo el retorno de Río Rojo a su color original.

Los peses alegres, jugueteaban recorriendo de arriba y hacia abajo llenando de nuevo los manantiales de agua refrescante, sin que nadie intentara atraparlos con el fin de quitarle la vida para hacerlo el almuerzo de los seres humanos, al limpiarse la atmosfera dejando los aires perfumados con un agradable olor a pino.

Fue así como desde lo alto, allá en el lejano firmamento se escuchó una risa que despertaba de la tumba de la tristeza la alegría: la naturaleza había resucitado. ¿Será que nos dejaron la esperanza?

FIN.

EPÍLOGO:

P or supuesto que aquello no terminó allá afuera, como cabe suponer. Lo interesante es que para nosotros los que estamos todavía aquí, por saber que podemos aún leer y tocarnos, la vida no se nos ha ido, así como tampoco, lo que nos rodea ha terminado.

Todo además porque esta narrativa, quedaría inconclusa, sino no volvemos a terminar la aventura de otros personajes, que en principio estuvieron en medio nuestro, partiendo de la vida que nuestros protagonistas, llevaban esta vez cuando tenían todavía la vida.

Así, que cuando piensas que todo ha terminado, nos proponemos comenzar, pero esta vez con la conclusión de los personajes imaginarios por donde comenzamos, partiendo de aquel cuerpo inerte que solo sentía la lluvia caer por dentro, mientras mojado se encontraba tendido en el húmedo suelo, mientras las aguas caían en cantidad torrencial.

Siendo que los mismos, llegaron a nosotros de aquel infinito mundo interior al Huerto del Edén donde con los humanos terminaron su misión, allí donde todo inició, es desde otra especie de aquel modelo en vegetación y tranquilidad de donde también observamos sus despedidas.

Mientras sabían, que desde allá de las alturas, se podía divisar desde la óptica divina, como un Río Rojo, el cual al irse acercando aquella esfera en lejanía, hizo que fuera viéndose de nuevo transparente como un cristal, mientras por otro lado el color rojizo como el de la sangre se iba disolviendo, porque todo había sido simplemente una ilusión.

Pero allá, mucho más allá del fondo del Río que había ido cambiando su color original por el color rojo, por no ser visible al estar sepultado en el fondo del subsuelo de lo escéptico, aunque muy profundo, quedaban allá sepultada en su fango putrefacto, el cual se había puesto duro como una roca, donde yacían para siempre junto a sus dos hijas: Dame, Dame, aquella Sanguijuela que en enceguecida por su ambición no sabía que chupaba por ser la vida, su propia sangre.

Luego todo, prosiguió hasta concluir así:

—¡Razón!— ¡Razón! ¿estás ahí?... Observo que tu habitación por momento se apaga y se prende— ¿Te pasa algo? —le preguntó Consciente a la Razón.

—¡No! —respondió la Razón con firmeza, pero apenas con la voz que se podía escuchar de la debilidad.

—¿Cómo está tu madre la Mente, ella está bien? —preguntó Consciente de nuevo por ser el que todavía le quedaba más energía en aquel momento.

— Ella apagó la luz de su habitación, parece que está dormida —le dijo con voz casi inelegible.

—Y, ¿qué de tu hermano el Pensamiento, ¿también se durmió?— Prosiguió consciente con su interrogatorio.

—También desde aquí observo que la luz de su habitación está apagada, parece que como los demás en la familia se durmieron, pero, ¿que de los tuyos? —fue lo último que se le escuchó preguntar como era su costumbre en su existencia terrenal.

—De este lado, también Subconsciente tiene apagada las luces de su habitación, así como la Conciencia, por tanto siento que aquí, no hay mucho que hacer, yo también me voy… adiós.

Luego fuera de este mundo solo se escuchó entre ellos, mientras ascendían al encuentro del firmamento, todo por ser que ellos eran parte de un alma viviente, y no morían como seres que contaban con espíritu en la tierra.

—Eso piensas tú, pero en el fondo es mucho más que lluvia, pues en ello está implícito el cuerpo, ¿No ves que esta empapado? – Prosiguió la razón a discutir como si estuviera en la tierra.

—¿Qué tiene de malo, acaso él no se baña? – le rebatía el pensamiento como dos hermanos carnales que no dejan de lado los pleitos.

—Si pero no es tu responsabilidad, solo dejas que el haga su parte, pues esto no se gana como los asensos terrenales.

—Déjate de traer esas cosas que escuchasteis y aprendisteis allá abajo para que aquí arriba no vuelva aquella contaminación.

—Es que tú no entiendes, creo que muchas de aquellas cosas que hicimos allá, cuando lleguemos arriba se nos tomaran en cuenta, ¿no crees?

—Acaso está delirando, no te pongas a mirar de nuevo hacia abajo.

—Bueno si tú lo dices, es tu responsabilidad, tú eres el Consciente y pagará por ello.

—¡Yo! Allá arriba no pagan justos por pecadores, por lo menos a donde vamos tendremos justicia, y el que la hizo la paga —dijo Consciente estando en aquella otra dimensión.

—No lo culpes, solo es que me han dado facultad de protegerlo, y tú, ¿qué pretendes? —le dijo el Padre Ser a la Razón, quien por fin intervino, al observar que ellos se estaban pareciendo más a los humanos, los cuales en muy pocas ocasiones llegaban a acuerdos definitivos.

—¿A quién le preguntas Padre Ser, a mí o esa pregunta usted se la hizo a mi hermano el Pensamiento ? —inquirió la Razón temblorosa.

—No que va, te la hago a ti. — dijo con voz más firme.

—¡Ay mi madre! Mire Padre Ser, lo mejor, es que me devuelva del camino en que vamos_ Pero Este en su Sapiencia guardó silencio.

— Oye Padre Ser, ¿y qué haremos con el Subconsciente y la Conciencia, estos dos dormilones que me dieron también por vecinos? —Dijo Consciente preocupado por la vida ajena.

—¡Déjalos que ambos duerman! —recuerdas que aprendiste que ellos son dos especies de cajas fuertes, lo que no sabían ustedes es que la combinación para abrirla la tenemos allá arriba… ¡Ya lo verán cuando lleguemos!

Luego, solo se escuchó una risa en los elementos, hasta lograr disiparse en el distante viaje existente entre lo tangible y lo invisiblemente eterno.

FIN

OTROS LIBROS DEL AUTOR

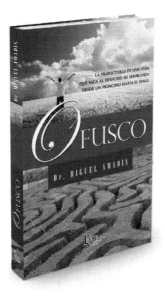

OFUSCO

En esta obra su autor se eleva en las alturas del vasto infinito para llevarnos de lo que él considera **ofusco** y guiarnos a la Luz que al final nos sacará por el túnel que conduce a la verdad de lo eterno. Especial para todo el público, aunque en particular para aquellos que no han conocido a Jesús en la plenitud de su revelación. Por tanto no dejes de leer esta obra.

PEPE TAJONES

Esta es una serie de cuatro pequeños libros dedicada a los jóvenes pandilleros, la cual toma como escenario la ciudad de Chicago, por ser allí en la Ciudad llamada **"de los Vientos"**, donde más han llegado a proliferar estos grupos de jóvenes. Esta obra que usted no debe dejar de tener en su casa, está destinada a iluminar en el nombre del Señor Jesús las mentes de esos jóvenes para que vengan al Camino, y busquen el horizonte que le conduce a un futuro mejor.

coralpublishinghouse.com
cecoral.com

CORAL
casa
editora